조문으로 보는 용어정리
물권법

 위패스 김묘엽 민법

https://www.youtube.com/@wepass

物權法

조문으로 보는 용어정리
물권법

LAW&ORDER

머리말

민법을 배워나가는 여러분들 안녕하세요.

민법에 흥미와 재미를 느끼면서, 쉽게 공부하고 싶다면 여러분들은 반드시 민법의 용어, 민법의 체계 2가지를 확실히 다지셔야 합니다. 이 2가지의 가장 중요한 요소를 잡는 것은 절대 쉬운 일이 아닙니다. 그 이유는 다음과 같은 이유 때문입니다.

민법의 용어가 어려운 이유는 용어자체가 한문을 사용한 함축적인 표현임과 동시에 일본의 언어적인 관념도 이해해야 하기 때문입니다. 독일민법을 일본학자들이 자신들의 언어적인 관념으로 번역했고 이를 우리나라가 그대로 받아들여 사용하기 때문에 발생하게 된 현상입니다. 한문의 뜻을 이해해야 함과 동시에 일본적 언어의 관념도 이해해야 하는 2중의 어려움이 있습니다.

예를 들어 '정지'와 '중단'의 단어를 설명해 보면, 둘 다 대략적으로 멈춘다는 의미로 사용됩니다. 하지만 더욱 섬세한 차이점을 알고 계셔야 합니다. '정지'는 멈춘 후 나머지를 하면 된다는 의미를 가지고 있고, '중단'은 멈춘 후 다시 시작해야 한다는 의미를 가지고 있습니다. 가령 서울에서 부산으로 가야 하는 차량이 중간에 휴게소에 멈추는 것을 '정지'라고 하고, 일을 잘못했을 때 하던 일을 멈추고 다시 검토할 때 '중단'이라고 하는 것은 이러한 언어적인 의미 때문입니다. 이 단어의 차이점을 알기 위해서는 정지에 '지'와 중단의 '단'의 한문적인 의미를 먼저 이해하셔야 합니다. 정지의 '지'는 멈춘다는 뜻이고, 중단에 '단'은 끊어낸다는 뜻을 가지고 있기에 '정지'는 가다가 멈춘다는 의미가 되고, '중단'은 가다가 멈추고 지금까지 왔던 것을 끊어내겠다는 의미가 됩니다. 이런 관점으로 소멸시효의 정지와 중단을 이해하시면 민법 용어의 의미가 확실하게 잡히시게 됩니다.

민법의 체계가 어려운 2번째 이유는 민법이 가지는 연혁적인 요소를 모르기 때문입니다. 우리가 사용하는 민법은 우리 국민의 전통적인 삶을 바탕으로 만든 것이 아니라 독일 즉 서유럽의 개인주의적 사상에 바탕을 둔 삶을 기본으로 만들어진 것입니다. 그들의 사고방식과 연혁적인 부분을 알지 못하면 민법의 체계를 이해할 수가 없습니다.

예를 들어 프랑스의 시민혁명은 시민이 아닌 부르주아들이 주도한 것으로 시민혁명 이후에 부르주아들에 의해서 입법부가 구성되었습니다. 그때 만들어진 법이 민법입니다. 부르주아들은 부를 축적한 부유 계층으로 사회적으로 주로 사업주의 위치에 있는 자들입니다. 그들이 만든 민법도 역시 그들의 시각이 반영되어 근로자와의 계약을 고용계약이라고 합니다. 즉 부르주아적인 시각에서 내가 너희들을 고용한다는 생각이 반영된 용어입니다. 반면에 근로자의 시각이 반영된 노동법에서는 근로계약이라고 합니다. 고용계약, 근로계약은 동일하지만 이런 연혁적인 차이점이 있어서 용어를 달리 사용합니다.

앞서 설명한 이유로 민법 용어에 관한 공부에 어려움이 있지만 이를 도와주는 교재는 없었습니다. 이런 문제점을 해결할 수 있는 교재가 있으면 좋겠다는 생각에 이 책을 내게 되었습니다. 교수님들의 교재를 아무리 살펴봐도 찾을 수 없는 개념들이 많았기 때문에 많은 시간과 노력이 들었지만, 그 때문에 여러분들의 수고를 덜 수 있을 것 같다는 생각으로 열심히 찾아서 꼼꼼히 정리했습니다.

많은 시간을 교재에 투자할 수 있도록 옆에서 도와주고 격려해 준 나의 아내와 교재를 기꺼이 출간해 주신 로앤오더 출판사 사장님과 직원 여러분, 그리고 섬세한 부분까지 수정해 준 연구원 김준엽 군에게도 깊은 감사를 표합니다. 이 교재가 민법을 공부하시는 여러분들의 노고와 시간을 덜어주는 좋은 교재가 되길 바랍니다.

김묘엽 드림

이 책의 특징

▲ 먼저 용어에 대한 개념을 상세히 정리했습니다. 특히 용어의 개념을 단어의 의미를 중심으로 상세히 설명했습니다.

표현대리에 대한 용어를 교수님들의 교재와 비교해 보면 다음과 같습니다.

▶ 교수님들 교재설명 : 대리인에게 대리권이 없음에도 불구하고 마치 그것이 있는 것과 같은 외관이 있고 또 그러한 외관의 발생에 대하여 본인이 어느 정도 책임이 있는 경우에, 그 무권대리행위에 대하여 본인에게 책임을 지게 함으로써, 본인의 이익의 희생 하에 상대방 및 거래의 안전을 보호하려는 제도이다.

▶ 이 교재의 설명 : 표현대리는 표시되고 나타난 현상이 대리인처럼 보이는 것을 말합니다. 즉 실상은 대리권이 없는 무권대리인입니다.

이처럼 용어에 대한 개념을 단어의 의미를 중심으로 설명하게 되면 막연하게 느껴지던 민법용어의 개념이 친숙하게 느껴지면서 그 뜻을 이해하시기 편하게 됩니다. 또한 덤으로 유사한 다른 조문도 의미도 파악하시게 됩니다. 표현지배인이라는 용어를 처음 보신다 하더라도 '표시되고 나타난 현상이 지배인처럼 보이지만 실상은 지배권이 없는 무권지배인을 말하는 것이군'이라고 쉽게 의미를 파악하시게 됩니다.

▲ 다음으로 비슷한 용어의 차이점을 상세히 정리했습니다. 유사하지만 다른 의미를 가지고 있는 용어를 모아서 한 눈에 비교하실 수 있도록 정리를 했습니다. 여러분들이 가장 궁금해 하면서 가장 해결이 되지 않았던 부분이라고 할 수 있습니다.

민법에서 사용되는 허락, 허가, 승낙은 어떤 경우에 사용되는지에 대해서 개념을 정리한 후에 조문을 읽어보겠습니다.

▶ 허락은 새로운 것에 대해서 바라는 것이 있으면 들어주는 것을 말합니다. 미성년자가 영업을 하는 것을 바라는데 법정대리인이 이를 들어주는 것은 '허락'입니다. 미성년자가 새로운 영업을 하려는 것이기 때문입니다.

▶ 허가는 국가기관이 하는 허락을 말합니다. 새로운 것에 대해서 바라는 것을 들어주는 것인데 이를 국가기관이 해주면 허가라고 부릅니다. 법인을 설립을 바라는데 주무관청이 이를 들어주는 것은 '허가'입니다. 새롭게 법인을 설립하려고 하는 것을 들어주는 기관이 국가기관이기 때문입니다.

▶ 승낙은 기존의 것에 대해서 바라는 것을 들어주는 것을 말합니다. 임의대리인이 복대리인을 선임하고자 할 때 본인이 이를 들어주는 것은 '승낙'입니다. 기존의 대리권의 행사를 다른 사람에게 맡기는 것이기 때문입니다.

이처럼 단어의 차이점을 상세히 정리하신 후에 조문을 읽게 되면 입법자의 입법의 의도를 파악하실 수 있게 되어 특정한 단어만 들어도 조문의 해석이 바로 가능하게 되십니다. 법인이 선임한 재산관리인이 부재자의 재산을 처분하고자 할 때에는 법원이라는 국가기관의 허락인 '허가'가 필요합니다. 계약 성립의 청약을 들어주는 상대방의 허락은 '승낙'이 됩니다.

이 책의 활용법 ●●

▲ 민법을 공부하시다가 용어에 대한 궁금함이 생기시면 바로 찾아보시는 것이 좋습니다. 민법전의 순서로 용어를 정리했기 때문에 공부를 하시다가 바로 찾아보실 수 있도록 했습니다.

▲ 조문에서 반복적으로 사용되는 용어에 대해서는 해당조문마다 반복해서 싣지 않았습니다. 반복해서 싣게 되면 교재의 두꺼움과 피로감이 커지는 단점 있기 때문입니다. 대신에 교재의 맨 뒤에 색인을 넣어서 해당 용어를 쉽게 찾을 수 있도록 했습니다.

목 차

법률 배경지식 정리 ··· 11

법률용어 정리 ··· 27
  제1장 총칙 ·· 35
  제2장 점유권 ·· 39
  제3장 소유권 ·· 49
    제1절 소유권의 한계 ·· 49
    제2절 소유권의 취득 ·· 61
    제3절 공동소유 ·· 69
  제4장 지상권 ·· 76
  제5장 지역권 ·· 80
  제6장 전세권 ·· 85
  제7장 유치권 ·· 91
  제8장 질권 ·· 96
    제1절 동산질권 ·· 96
    제2절 권리질권 ·· 102

  제9장 저당권 ·· 109

집합건물의 소유 및 관리에 관한 법률 ·· 117
제1장 건물의 구분소유 ·· 117
   제1절 총칙 ·· 117
   제2절 공용부분 ·· 122
   제3절 대지사용권 ··· 126
   제4절 관리단 및 관리단의 기관 ··· 127
   제5절 규약 및 집회 ·· 133
   제6절 의무위반자에 대한 조치 ·· 139
   제7절 재건축 및 복구 ··· 141

제2장 단지 ·· 145
제2장의2 집합건물분쟁조정위원회 ·· 146
제3장 구분건물의 건축물대장 ··· 151
제4장 벌칙 ·· 155

부동산 실권리자명의 등기에 관한 법률 ··· 157

가등기담보 등에 관한 법률 ·· 167

용어색인 ·· 175

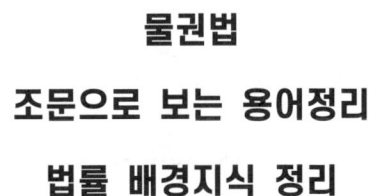

물권법

조문으로 보는 용어정리

법률 배경지식 정리

채권과 물권의 특성

> **논점 정리** 채권의 대인효

ⓐ 등기와 점유의 불가 : 채권은 특정인(채권자)이 다른 특정인(채무자)에 대하여 일정한 행위를 요구할 수 있는 권리로 채권자는 채무자에 대하여만 권리를 행사할 수 있다. 채권은 물권과 달리 등기나 점유방법이 없으므로 누구에게나 자신이 채권자임을 주장할 수 없다. 특정한 사람에 대해서만 채권자임을 주장하여 권리를 행사할 수 있는 효력을 채권의 특성 중에 '대인효'라고 한다.

> **논점 정리** 물권의 대세효

ⓑ 등기와 점유의 가능 : 부동산인 물권은 등기를 할 수 있고, 등기는 누구나 열람할 수 있으므로 누구에게나 자신이 등기부상의 물권자임을 주장할 수 있다. 유치권과 질권의 경우에는 등기를 하진 않지만 물건을 점유를 함으로써 누구에게나 자신이 물권자임을 주장할 수 있다. 세상에 있는 모든 사람에 대해서 물권자임을 주장하여 권리를 행사할 수 있는 효력을 물권의 특성 중에 '대세효'라고 한다.

채권과 물권의 구분기준

> **논점 정리** 물권은 정형화 되어 있다.

ⓐ 물권법정주의 : 물권은 물권법정주의라고 해서 법률과 관습으로 정하게 되어 있고 임의로 당사자간의 창설할 수 없다. 따라서 물권법에 규정이 있는 점유권, 소유권, 지상권, 지역권, 전세권, 유치권, 질권, 저당권, 근저당권, 공동저당뿐만 아니라 특별법에 규정이 있는 가등기담보, 양도담보 등은 정형화된 물권이다. 그 외에도 관습법에서 인정되는 명인방법, 관습법상의 법정지상권, 분묘기지권 등의 물권이 있다.

> **논점 정리** 물권이 아닌 권리는 채권이다.

ⓑ 채권은 임의적으로 창설이 가능하다 : 물권법과 관습법에서 인정되는 권리를 제외한 나머지 권리는 채권이다. 증여, 매매, 임대차, 도급 등은 정형화 된 물권이 아니므로 채권이다.

물권의 종류

> **논점 정리** 본권과 점유권

ⓐ 구분 : 물권법은 다시 본권과 점유권이라는 2가지 권리로 구분된다. 민법 규정은 본권을 '물권'이라고 표현한다. 점유권은 본권이 없이도 물건을 사실상 지배하는 자를 위해서 예외적으로 인정되는 권리이기 때문에 물권이라는 단어를 쓰지 않는다. (임차인은 본권에 해당하는 물권은 없지만, 물건을 사실상 지배를 하기 때문에 점유권은 인정된다.)
ⓑ 본권의 상속 : 상속, 공용징수, 판결, 경매 기타 법률의 규정에 의한 부동산에 관한 물권의 취득은 등기를 요하지 아니한다(제187조 전문).
ⓒ 점유권의 상속 : 점유권은 상속인에 이전한다(제193조).

> **논점 정리** **본권**

ⓐ 구분 : 본권은 다시 완전한 권리를 갖추고 있는 완전물권과 제한된 권리를 갖추고 있는 제한물권으로 나누어진다.

> **논점 정리** **완전물권**

ⓑ 내용 : 소유권은 물건 자체를 사용·수익할 수 있는 물권인 용익물권과 물건의 가치를 담보로 제공할 수 있는 물권인 담보물권을 모두 가지고 있다. 이러한 소유권은 모든 물권을 다가지고 있는 완전체라고 하여 완전물권이라 한다. (핸드폰은 통화를 하는 용도로 쓰이기도 하고, 전당포에 맡기고 돈을 빌리는데 쓰이기도 한다.)

> **논점 정리** **제한물권**

ⓒ 내용 : 용익물권과 담보물권을 각각 부를 때 완전물권에 대한 제한적인 부분의 물권이란 뜻에서 제한물권이라 부른다.

ⓓ 용익물권 : 용익물권이란 물건 자체를 사용·수익할 수 있는 물권으로 지상권, 지역권, 전세권이 이에 속한다.

ⓔ 담보물권 : 담보물권이란 채무자나 제3자가 물건 자체를 담보로 제공하여 채권자가 가지게 되는 물권으로 유치권, 질권, 저당권 등이 이에 속한다.

채권의 유형

> **논점 정리** 증서를 반드시 작성할 필요가 없는 채권

ⓐ 지명채권 : 지명채권이란 채권자의 이름을 손가락으로 가리키는 채권을 말한다. 채권자가 증서를 반드시 작성하지 않기 때문에 증서에 채권자를 기재할 수 없어서 채권자를 손가락으로 가리킬 수밖에 없기 때문이다. (친구나 은행에서 돈을 빌리는 경우처럼 일반적인 채권이 지명채권이다. 은행에서 현금서비스를 받을 때에는 증서를 반드시 작성하지 않는다.)

> **논점 정리** 증서를 반드시 작성해야 하는 채권

ⓑ 채무자의 기재 : 변제를 해야 하기 때문에 모든 채권증서에는 채무자의 이름이 기재되어 있다. 채무자의 기재는 모든 증서에 당연 전제이다.

ⓒ 기명채권 : 기명채권이란 채권자의 이름이 기재되어 있는 채권을 말한다. 채권자의 이름이 기재되어 있으면 채권증서의 유통은 거의 불가능하다. (항공권이나 예금통장은 기명채권이다.)

ⓓ 지시채권 : 지시채권이란 기명채권에 기재된 채권자가 다른 자를 권리자로 지시할 수 있게 한 채권을 말한다. 이는 채권증서의 유통이 가능함과 동시에 증서가 잘못되었을 경우 유통과정에 관여한 채권자들에게 책임을 물을 수 있게 하기 위해 만들어진 증서이다. (어음·수표는 지시채권이다.)

ⓔ 무기명채권 : 무기명채권이란 채권자의 이름이 기재되어 있지 아니한 채권을 말한다. 이는 채권증서의 유통을 극대화하기 위해서 만들어진 증서이다. (상품권은 무기명채권이다.)

채권양도의 대항요건

> **논점 정리** 지명채권의 양도

ⓐ 대항요건 : 증서가 없기 때문에 채권을 양도하였다는 사실을 양수인이 채무자에게 주장하기 위해서는 양도인이 채무자에게 통지하거나 채무자의 승낙이 필요하다.

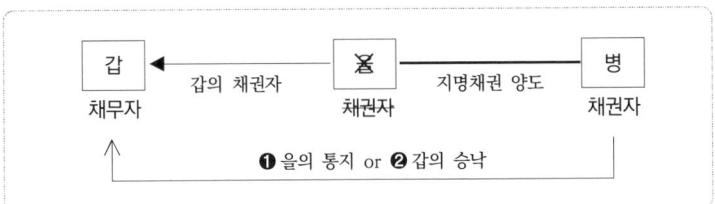

> **논점 정리** 지시채권의 양도

ⓑ 대항요건 : 채권을 양도하였다는 사실을 양수인이 채무자에게 주장하기 위해서는 채무자에게 증서를 보여주면 된다. 증서를 교부할 때에 채권자의 이름을 기재하는 배서를 같이 하여야 한다. 배서를 해야 하는 이유는 증서가 잘못된 경우 책임을 물을 수 있는 채권자들을 명확히 하기 위함이다.

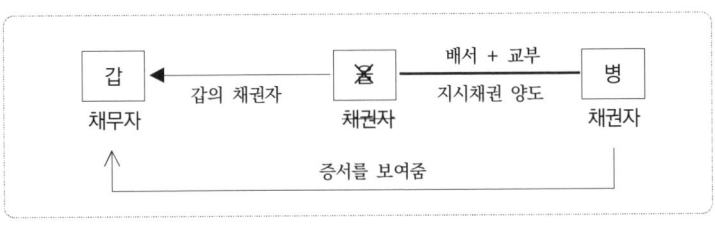

논점정리 무기명채권의 양도

ⓒ 대항요건 : 채권을 양도하였다는 사실을 양수인이 채무자에게 주장하기 위해서는 채무자에게 증서를 보여주면 된다. 지시채권처럼 증서를 교부할 때에 채권자의 이름을 기재하는 배서를 할 필요가 없다.

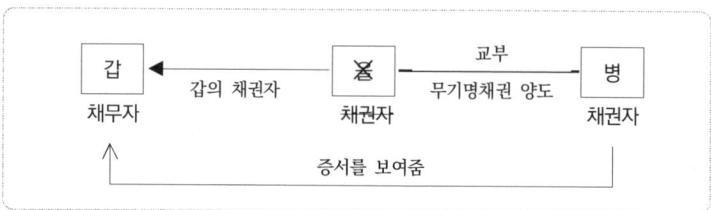

논점정리 채권의 등기와 같은 대항요건

ⓓ 임차권의 등기 : 임대차는 채권이지만 민법 제621조에서 등기를 할 수 있는 예외 규정을 두었다. 부동산임대차를 등기한 때에는 그때부터 제3자에 대하여 임차권을 대항할 수 있는 효력이 생긴다.

ⓔ 주택임대차의 대항력 : 주택임대차는 민법 제621조의 등기가 없는 경우에도 임차인이 주택의 인도와 주민등록을 마친 때에 한해서 그 다음 날부터 마치 등기가 된 것과 같이 제3자에게 임차권을 대항할 수 있는 효력이 생긴다. 전입신고를 한 때에 주민등록이 된 것으로 본다.

일반적인 계약

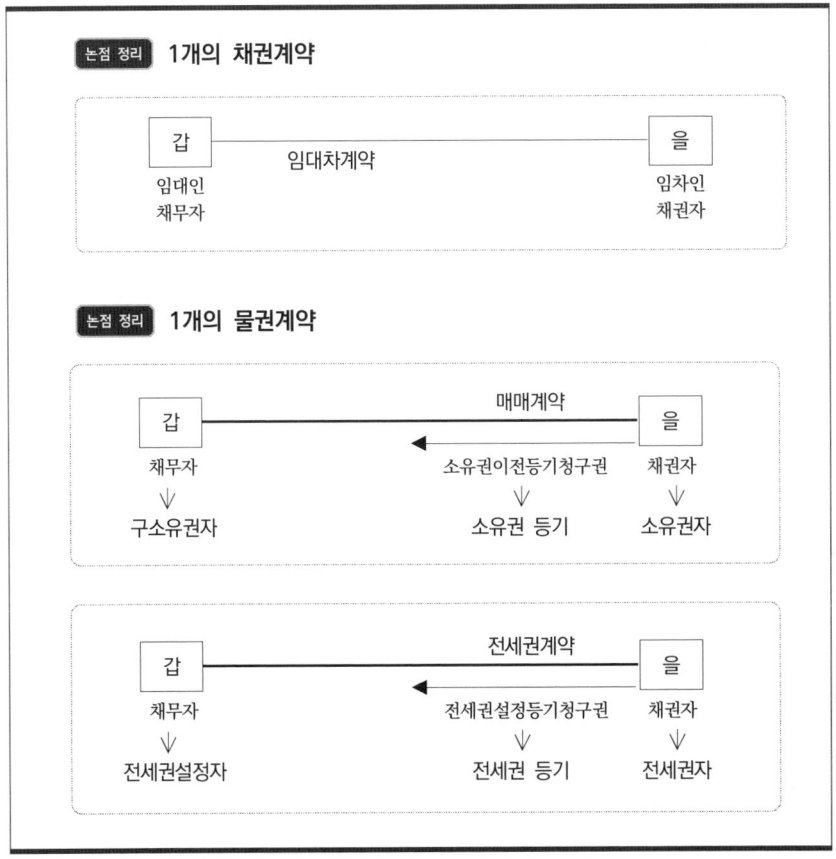

담보물권의 이해가 어려운 이유?

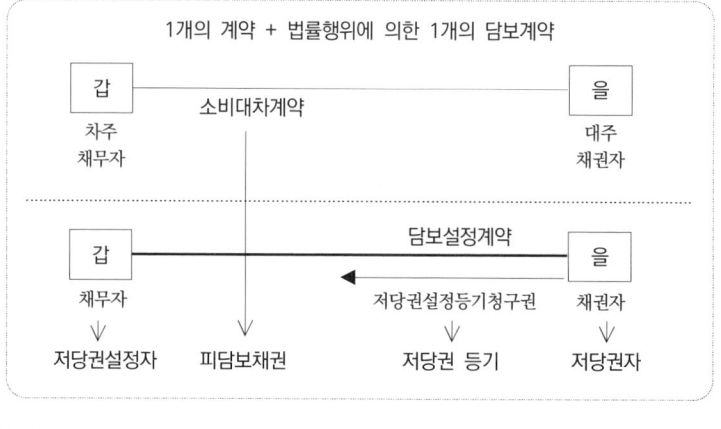

담보물권에서 채권과 물권의 관계

> **논점 정리** 채권과 물권은 서로 영향을 미치지 않는다.

◆ 채권과 물권은 전혀 별개의 권리로 양자는 확연하게 구분이 된다.
◆ 채권과 물권은 전혀 별개의 권리이기 때문에 채권을 행사하더라도 물권에 영향이 미치지 않고, 물권을 행사하더라도 채권에 영향을 미치는 것이 아니다.
◆ 채권이 대항력을 갖추려면 채권의 대항요건인 양도인의 통지나 채무자의 승낙이 필요하다. 채권이 대항력을 갖추었다고 해서 물권의 순위보전에 따른 대항력이 생기는 것은 아니다.
◆ 물권이 대항력을 갖추려면 물권만 별도의 대항력을 갖추어야 한다. 저당권이 양도되면 기존 저당권의 순위를 양도 후에도 보전하기 위해 부기등기를 해야 한다.

> **논점 정리** 채권이 물권에 영향을 미치는 경우가 있다.

◆ 채권이 물권에 영향을 미치는 경우가 예외적으로 있는데 이를 담보물권의 부종성'이라 한다. 피담보채권이 소멸하게 되면 담보물권도 소멸하고, 피담보채권이 이전하게 되면 담보물권도 이전하게 됨을 원칙으로 한다.

채권자들 사이의 변제의 순위

> **논점 정리** **채권자 평등배당의 원칙**

ⓐ 채권액수에 비례한 평등배당 : 채권자들은 채권액수에 비례하여 평등하게 배당을 받을 수 있다. 채권자 사이에서는 모든 채권이 평등하게 다루어지므로 먼저 성립한 채권이라도 우선되어 배당을 받는 것은 아니다.

ⓑ 예시 : 甲은 3억원의 채권자, 乙은 4억원의 채권자, 丙은 5억원의 채권자로 채무자가 가진 1억 2천만원을 甲은 3천만원, 乙은 4천만원, 丙은 5천만원을 나누어 배당받게 된다.

> **논점 정리** **물권을 가진 채권자에게 우선변제권을 주는 예외**

ⓒ 우선변제권을 주는 예외 규정이 필요 : 채권자 사이에서는 평등배당이 이루어져야 한다. 채권자들 중 일부에 대해서 우선변제권을 주는 예외를 인정하기 위해서는 민법에 예외규정을 두어야 한다. 우리 민법은 전세권자, 질권자, 저당권자에게는 채권자 평등배당의 원칙을 깨고 다른 채권자보다 우선해서 변제를 받는 권리를 인정하고 있다.

ⓓ 예시 : 甲은 3억원의 채권자, 乙은 4억원의 채권자, 丙은 5억원의 채권자로 채무자가 가진 1억 2천만원의 건물에 丙이 저당권자라면 건물의 경매대금에서 甲은 0원, 乙은 0원, 丙은 1억 2천만원을 전부 변제받게 된다.

물권을 가진 채권자

> **논점 정리** **전세권**

ⓐ 예외 규정 : 전세권자는 전세금을 지급하고 타인의 부동산을 점유하여 그 부동산의 용도에 좇아 사용·수익하며 그 부동산 전부에 대하여 후순위권리자 기타 채권자보다 전세금의 우선변제를 받을 권리가 있다(제303조).

ⓑ 우선변제권 : 전세권자에게는 전세목적물 외에도 부동산 전부에 대하여 우선변제권이 인정된다. 건물 중 1층의 전세권자라도 건물 전층에 대해서 전세금의 우선변제를 받을 권리가 있다.

> **논점 정리** **유치권**

ⓒ 예외 규정 : 유치권은 예외규정을 두고 있지 않다.

ⓓ 우선변제권 : 유치권자에게는 유치물에 대하여 우선변제권이 인정되지 않는다. 따라서 유치권자는 다른 채권자들과 유치물에 대하여 평등배당을 받을 뿐이다.

> **논점 정리** **질권**

ⓔ 예외 규정 : 질권자는 채권의 담보로 채무자 또는 제3자가 제공한 점유하는 동산이나 보유한 권리에 대하여 다른 채권자보다 자기채권의 우선변제를 받을 권리가 있다(제329조, 제355조).

ⓕ 우선변제권 : 질권자에게는 질물에 대하여 우선변제권이 인정된다.

> **논점 정리** **저당권**

ⓖ 예외 규정 : 저당권자는 채무자 또는 제3자가 점유를 이전하지 아니하고 채무의 담보로 제공한 부동산에 대하여 다른 채권자보다 자기채권의 우선변제를 받을 권리가 있다(제356조).

ⓗ 우선변제권 : 저당권자에게는 저당물에 대하여 우선변제권이 인정된다.

채권자의 경매청구권

논점 정리 채권자가 채무자 재산에 대해 경매청구를 하기 위한 전제

ⓐ 채권자라는 주장 : 채권자라고 주장하는 자들이 자신의 채권을 회수하기 위해서 법원에 채무자의 재산에 대한 경매 신청을 한다고 해서 법원이 이를 들어주지 않는 것이 원칙이다.

ⓑ 채권자임을 확인 : 자신이 채권자라는 채권자 측의 단순한 주장만을 가지고 채무자의 재산에 대한 경매 신청을 받아주어서는 안 되고, 진정한 채권자인지 확인이 되었을 때에는 비로소 경매신청이 진행되어야 한다. 채권증서가 있다고 하더라도 위조가 가능하기 때문에 진정한 채권자인지 확인을 거쳐야 한다. 공증인이란 공기관이 인정한 증인으로 채권자와 채무자 모두 참석해서 채권증서에 대하여 공증인의 확인을 받으면 채권증서에 따른 진정한 채권자임이 확인이 되므로 바로 경매 신청이 진행된다.

ⓒ 집행권원 : 채권자임이 확인이 되면 법원에서 채무자의 재산을 강제집행할 수 있다는 권리를 주게 되는데 이를 집행권원이라고 한다. 이 집행권원에 의하면 채무자의 재산을 강제로 경매에 넘길 수 있게 된다. 이러한 경우를 강제경매라고 부른다.

논점 정리 물권을 가진 자의 채권

ⓓ 채권자임이 확인 되었다 : 물권에 등기된 자는 등기공무원에 의하여 진정한 채권자임이 확인되었고, 남의 물건을 적법하게 점유하는 자도 진정한 채권자임이 확인된 자이다. 따라서 채권자의 의사표시만으로 등기에 표시되거나 채권자가 점유하고 있는 채무자의 재산을 강제로 경매에 넘길 수 있게 된다. 이러한 경우를 임의경매라고 부른다.

임의경매

> **논점 정리** **전세권**

ⓐ 채권자 확인 : 전세권등기를 할 때 전세금에 대한 부분이 등기공무원에 의해 확인이 되고, 등기부에 기재되므로 전세권자로 등기된 자는 진정한 채권자로 확인된 자이다.

ⓑ 경매청구권 : 전세권설정자가 전세금의 반환을 지체한 때에는 전세권자는 민사집행법의 정한 바에 의하여 전세권의 목적물의 경매를 청구할 수 있다(제318조).

> **논점 정리** **유치권**

ⓒ 채권자 확인 : 남의 물건을 적법하게 점유하고 있다면 진정한 채권자로 확인된 자이다.

ⓓ 경매청구권 : 유치권자는 채권의 변제를 받기 위하여 유치물을 경매할 수 있다(제322조 제1항).

> **논점 정리** **질권**

ⓔ 채권자 확인 : 남의 물건을 적법하게 점유하고 있다면 진정한 채권자로 확인된 자이다.

ⓕ 경매청구권 : 질권자는 채권의 변제를 받기 위하여 질물을 경매할 수 있다(제338조 제1항).

> **논점 정리** **저당권**

ⓖ 채권자 확인 : 저당권등기를 할 때 피담보채권에 대한 부분이 등기공무원에 의해서 확인이 되고, 등기부에 기재되므로 저당권자로 등기된 자는 진정한 채권자로 확인된 자이다.

ⓗ 경매청구권 : 저당권자는 그 채권의 변제를 받기 위하여 저당물의 경매를 청구할 수 있다(제363조 제1항).

등기

> **논점 정리** 등기의 원칙적이자 일반적 효력 – 대항요건

ⓐ 원칙 : 등기는 누구나 열람할 수 있으므로 누구에게나 자신이 등기부상의 물권자임을 주장할 수 있다. 따라서 등기의 특성상 대항요건의 성격을 가지는 것이 원칙이다.

> **논점 정리** 등기의 예외적인 효력 – 성립요건, 효력요건

ⓑ 성립요건, 효력요건 : 성립함과 동시에 그에 따른 효력이 발생하므로 성립요건이나 효력요건은 같은 표현으로 쓰인다.

ⓒ 의의 : 등기는 세금징수의 편의성을 위해서 예외적으로 성립요건의 성격을 가지기도 한다.

ⓓ 법인설립등기 : 법인설립등기는 성립요건이라 설립등기를 함으로써 법인이 성립하고 법인으로서의 효력이 생기게 된다.

ⓔ 부동산에 관한 법률행위로 인한 물권의 득실변경 : 부동산에 관한 법률행위로 인한 물권의 득실변경은 성립요건이라 등기를 함으로써 부동산의 물권을 취득하고 물권자로서의 효력이 발생함과 동시에 기존 권리자는 물권을 상실하게 된다.

물권법

조문으로 보는 용어정리

법률용어 정리

이행, 변제, 급여, 급부

> **논점 정리** '과정'에 중점을 두어서 표시

- 이행 : 채무자가 채무를 소멸시키는 '과정'에 중점을 두어서 표시하는 단어이다. 금전, 물건에 상관없이 일반적으로 사용된다.
- 이행기 : 채무자가 채무 이행을 하기로 정한 기한이 도래한 날을 표시하는 단어이다.
- 이행지 : 채무자가 채무 이행을 하기로 정한 장소를 표시하는 단어이다.
- 이행의 제공 : 채무의 이행을 바치는 것을 표시하는 단어이다.
- 이행의 청구 : 채무자가 채무의 이행을 하도록 청구하는 것을 표시하는 단어이다.

> **논점 정리** '결과'에 중점을 두어서 표시

- 변제 : 채무자나 제3자가 채무를 소멸시킨 '결과'에 중점을 두어서 표시하는 단어이다.
- 변제자 : 변제를 하는 자를 표시하는 단어이다. 채무자나 제3자가 변제자가 된다.
- 변제기 : 채무를 변제하기로 정한 기한을 표시하는 단어이다.
- 변제장소 : 채무를 변제하기로 정한 장소를 표시하는 단어이다.
- 변제자력 : 채무를 변제할 자산의 능력을 표시하는 단어이다.
- 변제제공 : 채무의 변제를 바치는 것을 표시하는 단어이다.
- 변제를 청구 : 채무자나 제3자가 채무를 소멸시키도록 청구하는 것을 표시하는 단어이다.

> **논점 정리** 민법전에 없는 이행에 다른 표현

- 급부 : 민법전에 없는 단어로 교수님 교재에서 '이행'을 대신해서 표시하는 단어이다.

> **논점 정리** 채무에 따른 이행이 아닌 경우 표시

- 급여1 : 채무에 따른 이행이 아닐 경우에 표시하는 단어이다.
- 급여2 : 양을 정해서 이행할 때 표시하는 단어이다.

이전, 교부, 지급, 인도, 양도, 양수, 인수

> **논점 정리** 현상을 표시
>
> ◆ 이전1 : 권리가 상대방에게 넘어가는 현상을 표시하는 단어이다.
> ◆ 이전2 : 장소나 주소를 다른 곳으로 옮기는 것을 표시하는 단어이다.
> ◆ 교부 : 증서가 상대방에게 넘어가는 현상을 표시하는 단어이다.
> ◆ 지급 : 금전이 상대방에게 넘어가는 현상을 표시하는 단어이다.
> ◆ 인도 : 물건이 상대방에게 넘어가는 현상을 표시하는 단어이다.
>
> **논점 정리** 넘기는 것을 표시
>
> ◆ 양도 : 상대방에게 넘기는 것을 표시하는 단어이다.
>
> **논점 정리** 받는 것을 표시
>
> ◆ 양수 : 상대방이 받는 것을 표시하는 단어이다.
> ◆ 인수 : 상대방이 받는 것이 채무일 때 표시하는 단어이다.

항변, 대항

> ◆ 항변 : 청구권의 행사에 대하여 대항하여 변론하는 것을 표시하는 단어이다.
> ◆ 대항 : 어디에 대하여 주장하는 것을 표시하는 단어이다.

보상, 배상

> ◆ 보상 : 적법행위에 대한 대가를 주는 것을 표시하는 단어이다.
> ◆ 배상 : 위법행위에 대한 대가를 주는 것을 표시하는 단어이다.

보존, 보전

> ◆ 보존 : '물건'을 보호하여 원래 상태를 유지하는 것을 표시하는 단어이다.
> ◆ 보전 : '권리'를 보호하여 유지하는 것을 표시하는 단어이다.

상실, 소멸, 멸실, 포기, 훼손, 훼멸

- ◆ 상실 : '권리'나 '능력'을 잃어버린 것을 표시하는 단어이다.
- ◆ 소멸 : '권리'나 '원인'이 없어진 것을 표시하는 단어이다.
- ◆ 포기 : 권리나 자격을 쓰지 않기로 하는 것을 표시하는 단어이다.
- ◆ 멸실 : '물건'이 멸망해서 사라진 것을 표시하는 단어이다.
- ◆ 훼손 : '물건'이 헐거나 깨져서 못쓰게 되는 것을 표시하는 단어이다.
- ◆ 훼멸 : '물건'이 훼손되거나 멸실하는 것을 표시하는 단어이다.

손상, 감소

- ◆ 손상 : '물건'이 깨지거나 상함을 표시하는 단어이다.
- ◆ 감소 : '물건'의 양이나 '가치'의 액수가 줄어드는 것을 표시하는 단어이다.

고의, 과실

논점 정리 **고의나 과실**

- ◆ 고의 : 일정한 결과의 발생을 인식하면서 하는 의도적 행위를 표시하는 단어이다.
- ◆ 과실1 또는 알 수 있었을 때 : 주의의무를 다하지 못하여 일정한 결과의 발생을 인식하지 못해서 결과를 피할 수 없게 되는 행위, 즉 실수에 따른 행위를 표시하는 단어이다. 따라서 알 수 있었을 때라는 것도 주의의무를 다하지 못해서 알 수 있었으나 알지 못하게 된 경우로 과실의 다른 표현이다. '過失'라고 표시한다.
- ◆ 중대한 과실 : 현저하게 주의의무를 다하지 못하여 일정한 결과의 발생을 인식하지 못해서 결과를 피할 수 없게 되는 행위, 즉 큰 실수에 따른 행위를 표시하는 단어이다.

논점 정리 **과실**

- ◆ 과실2 : 원물로부터 생기는 수익물을 말한다. '果實'라고 표시한다.

허가, 허락, 승인, 승낙

- 허락 : 바라는 것을 들어줄지 여부를 결정하는 것을 표시하는 단어이다.
- 허가 : 바라는 것을 들어줄지 여부를 국가기관이 결정하는 것을 표시하는 단어이다.
- 승인 : 일정한 사실을 스스로 인정하는 것을 표시하는 단어이다.
- 승낙 : 기존의 행위에 대해서 인정해 주는 것을 표시하는 단어이다.

보증과 담보

논점 정리 채무를 떠맡겠다.

- 채무를 떠맡는 것을 한문으로는 '보증' 또는 '담보'라고 한다. 민법에서는 '담보'라는 단어는 물건으로 채무를 떠맡을 때 사용하는 표현이고, '보증'이라는 단어는 사람이 채무를 떠맡을 때 사용하는 표현이다.
- 보증인 : 타인의 채무를 떠맡은 사람을 '보증인'이라 한다.

논점 정리 물상보증인

- 물상보증인 또는 자기의 재산을 타인의 채무의 담보로 제공한 자 : 타인의 채무를 떠맡기 위해 제3자로서 자신의 물건을 바친 사람을 표시하는 단어이다. 채무를 떠맡기 위해 물건을 바쳤다는 점에서 '담보'라는 표현이 적합할 것 같고, 사람이 떠맡았다는 점에서 '보증인'이라는 표현이 적합할 것 같다. 민법은 채무자도 아닌 사람이 채무를 떠맡았다는 점에 '사람'이라는 점에 더 비중을 두어서 보증인이라는 단어를 붙였다.
- 제3자가 제공한 담보 : 물상보증인이 제공한 담보를 표시하는 단어이다.

담보관련 용어정리

- ◆ 담보 : 물건으로 채무를 떠맡는 것을 표시하는 단어이다. 민법은 담보라는 단어를 경우에 따라 '담보물'이나 '담보물권'을 표시하는 단어로 대신 사용하고 있다.
- ◆ 피담보채권 : 담보가 있기 위해 전제가 되는 채권을 표시하는 단어이다. '담보한 채권·담보된 채권'이라고도 한다.
- ◆ 담보물 : 채무를 떠맡은 물건을 표시하는 단어이다.
- ◆ 담보제공 : 담보물이나 담보물권을 바치는 것을 표시하는 단어이다.
- ◆ 담보물권 또는 담보에 관한 권리 : 담보물에 대하여 채권자가 가지는 물권을 표시하는 단어이다. (담보물권으로서는 유치권, 질권, 저당권, 근저당권, 가등기 담보권, 양도담보권이 있다.)
- ◆ 담보물권자 : 담보물에 대하여 채권자가 가지는 물권자의 지위를 표시하는 단어이다. (담보물권자로는 유치권자, 질권자, 저당권자, 근저당권자, 가등기 담보권자, 양도담보권자가 있다.)

통지, 통고, 공고

- ◆ 통지 : 어떤 사실을 개별적으로 알리는 것을 표시하는 단어이다.
- ◆ 통고 : 무엇인가 일어나길 바라면서 어떤 사실을 개별적으로 알리는 것을 표시하는 단어이다. 즉 무엇인가 일어나길 바라면서 통지하는 것을 말한다.
- ◆ 공고 : 어떤 사실을 대중들에게 공개적인 방법으로 알리는 것을 표시하는 단어이다.

보수

- ◆ 보수1 : 행위에 따른 보답을 표시하는 단어이다. '報酬'라고 표시한다.
- ◆ 보수2 : 보충해서 수선하는 것을 표시하는 단어이다. '補修'라고 표시한다.

부합과 부속

> **논점 정리** **부합과 부합물**
>
> ◆ 부합 : 물건을 부착시켰다가 분리했을 때 본래의 성질이 훼손되거나 과다한 비용을 요하는 것을 말한다.
> ◆ 부합물 : 물건을 부착시켰다가 분리했을 때 본래의 성질이 훼손되거나 과다한 비용을 요하는 물건을 말한다. (페인트를 자동차에 뿌렸다가 분리했을 때 페인트의 본래의 성질이 훼손된다. 따라서 페인트는 자동차에 부합물이다.)
>
> **논점 정리** **부속과 부속물**
>
> ◆ 부속 : 물건을 부착시켰다가 분리했을 때 본래의 성질을 가지는 것을 말한다.
> ◆ 부속물 : 물건을 부착시켰다가 분리했을 때 본래의 성질을 가지는 물건을 말한다. (타이어를 자동차에 부착시켰다가 분리했을 때 타이어의 본래의 성질이 계속 유지된다. 따라서 타이어는 자동차의 부속물이다.)

선의의 점유자, 악의의 점유자

> **논점 정리** **선의의 점유자**
>
> ◆ 선의의 점유자1 : 점유할 권리가 없음을 모르고 점유하는 자를 말한다.
> ◆ 선의의 점유자2 : 과실취득권을 포함하는 본권을 가지고 있다고 잘못 믿으면서 한 점유를 말하고, 그렇게 생각하는데 정당한 근거가 있어야 한다.
>
> **논점 정리** **악의의 점유자**
>
> ◆ 악의의 점유자1 : 점유할 권리가 없음을 알고서 점유하는 자를 말한다.
> ◆ 악의의 점유자2 : 과실취득권이 없음을 알면서 한 점유자를 말한다.

제1장 총칙

> **제185조(물권의 종류)** 물권은 법률 또는 관습법에 의하는 외에는 임의로 창설하지 못한다.

- (용어) 물권 : 물건에 대하여 가지는 권리를 말한다.
- (용어) 관습법 : 어떠한 관행이 확신에 의해 법적 규범이라고 승인된 것을 말한다.
- (용어) 창설 : 처음으로 만드는 것을 말한다.
- (용어) 임의로 : 마음대로를 말한다.
- (용어) 임의로 창설하지 못한다 : 마음대로 처음으로 만들지 못한다.

> **제186조(부동산물권변동의 효력)** 부동산에 관한 법률행위로 인한 물권의 득실변경은 등기하여야 그 효력이 생긴다.

- (용어) 부동산 : 토지 및 그 정착물을 말한다.
- (용어) 법률행위 : 하나 또는 수개의 의사표시를 요소로 하여 법률효과가 발생하는 것을 말한다. 법률행위를 줄여서 주로 '행위'라고 말한다. (甲이 물건을 판매하기 위해 乙과 매매계약을 체결한 경우가 이에 속한다.)
- (용어) 득실변경 : 취득하고, 상실하고, 바뀌는 것을 말한다.
- (용어) 물권의 득실변경 : 물권을 취득하고, 상실하고, 물권이 바뀌는 것을 말한다.
- (용어) 등기 : 등기는 누구나 열람이 가능하기 때문에 등기부에 기재가 된 사람은 제3자에게도 주장할 수 있다.
- (용어) 법률행위로 인한 물권의 득실변경은 등기 : 등기는 대항요건의 성격을 가지는 것이 원칙이지만 세금징수의 편의성을 위해서 예외적으로 성립요건의 성격을 가지는 등기도 있다.
- (용어) 부동산에 관한 법률행위로 인한 물권의 득실변경은 등기하여야 그 효력이 생긴다 : 부동산에 관한 법률행위로 인한 물권의 득실변경은 성립요건이라 등기를

함으로써 부동산의 물권을 취득하고, 기존 소유자는 물권을 상실하게 된다.

> **논점 정리** **표제부, 갑구, 을구**
> ⓐ 표제부 : 표제부에는 표시번호, 접수연월일, 소재, 지번, 건물번호, 지목, 면적, 건물의 종류나 구조 및 면적 등의 사실적 사항을 기재한다.
> ⓑ 갑구 : 갑구(甲區)에는 소유권에 관한 사항을 기재한다.
> ⓒ 을구 : 을구(乙區)에는 소유권 이외의 권리에 관한 사항을 기재한다. 제한물권 중에서 등기할 수 있는 지상권, 지역권, 전세권, 저당권 등을 기재한다.

> **제187조 (등기를 요하지 아니하는 부동산물권취득)** 상속, 공용징수, 판결, 경매 기타 법률의 규정에 의한 부동산에 관한 물권의 취득은 등기를 요하지 아니한다. 그러나 등기를 하지 아니하면 이를 처분하지 못한다.

(용어) 공용징수 : 공적으로 사용하기 위해 개인의 재산권을 수용이라는 형식을 통해서 강제로 징수해 가는 것을 말한다.

(용어) 경매 : 경쟁하는 매매계약을 말한다.

(용어) 경락인 : 경매에서 낙찰 받은 자를 말한다.

(용어) 법률의 규정 : 의사표시를 요소로 하지 않고 법률의 규정에 의하여 법률효과가 발생하는 것을 말한다. 법률규정을 줄여서 '법정'이라고 말한다. (甲이 乙의 운전부주의로 교통사고를 당해서 乙에게 손해배상을 청구한 경우가 이에 속한다.)

> **제188조 (동산물권양도의 효력, 간이인도)** ① 동산에 관한 물권의 양도는 그 동산을 인도하여야 효력이 생긴다.
> ② 양수인이 이미 그 동산을 점유한 때에는 당사자의 의사표시만으로 그 효력이 생긴다.

(용어) 인도 : 물건이 상대방에게 넘어가는 현상을 표시하는 단어이다.

(용어) 간이인도 : 간단하고 쉽게 물건이 상대방에게 넘어가는 것을 말한다.

(용어) 양도 : 상대방에게 넘기는 것을 표시하는 단어이다.

(용어) 양수인 : 넘겨받은 자를 말한다.

(용어) 동산 : 부동산(토지 및 그 정착물) 이외의 물건을 말한다.

(용어) 당사자 : 계약을 체결한 양쪽 모두를 한꺼번에 표시하는 단어이다.

제189조 (점유개정) 동산에 관한 물권을 양도하는 경우에 당사자의 계약으로 양도인이 그 동산의 점유를 계속하는 때에는 양수인이 인도받은 것으로 본다.

(용어) 점유개정 : 점유를 하는 사람은 동일한 데 점유의 성격이 바뀌어 버리는 것을 말한다. 자기의 것으로 점유하다가 양도하고 나서 점유를 계속하면 그 점유는 타인의 것으로 점유하는 것이 된다. 즉 넘겨줄 의무가 있는 채무자가 점유를 계속하는 것을 점유개정이라 한다. (甲이 노트북을 팔고 3일간 빌렸다면 甲이 계속 점유하는 것이지만, 점유의 성격이 자기 소유 점유에서 남의 물건 점유로 바뀐다.)

(용어) 양도인 : 넘겨주는 자를 말한다.

(용어) 본다 : 공익 또는 법정책상의 이유로 사실에 부합하는지와 상관없이 일정한 사실을 기정사실로 확정하는 것을 표시하는 단어이다. 그 후 다투는 자가 그 반대 사실의 증거를 제출하더라도 확정된 것이 바뀌지 않는다.

제190조 (목적물반환청구권의 양도) 제3자가 점유하고 있는 동산에 관한 물권을 양도하는 경우에는 양도인이 그 제3자에 대한 반환청구권을 양수인에게 양도함으로써 동산을 인도한 것으로 본다.

(용어) 제3자 : 당사자 이외의 자들을 표시하는 단어이다.

(용어) 반환청구권 : 점유하는 물건을 돌려달라고 요구할 수 있는 권리를 말한다.

(용어) 반환청구권을 양도 : 점유하는 물건을 돌려달라고 요구할 수 있는 권리를 상대방에게 넘기는 것을 말한다.

제191조(혼동으로 인한 물권의 소멸) ① 동일한 물건에 대한 <u>소유권과 다른 물권</u>이 동일한 사람에게 귀속한 때에는 <u>다른 물권은 소멸</u>한다. 그러나 그 물권이 제3자의 권리의 목적이 된 때에는 소멸하지 아니한다.
② 전항의 규정은 <u>소유권이외의 물권</u>과 <u>그를 목적으로 하는 다른 권리</u>가 동일한 사람에게 귀속한 경우에 <u>준용</u>한다.
③ <u>점유권에 관하여는 전2항의 규정을 적용하지 아니한다.</u>

(용어) 혼동 : 섞여서 하나가 되어 버리는 것을 말한다.

(용어) 소유권과 다른 물권 또는 소유권이외의 물권 : 소유권 외의 제한물권을 말한다. 용익물권과 담보물권을 말한다.

(용어) 소멸 : '권리'나 '원인'이 없어진 것을 표시하는 단어이다.

(용어) 다른 물권은 소멸 : 용익물권과 제한물권이 소멸하는 것을 말한다. 즉 소유권만이 남게 된다.

(용어) 그를 목적으로 하는 다른 권리 : 용익물권인 지상권·전세권 등에 설정된 저당권을 말한다.

(용어) 준용 : 그를 목적으로 하는 다른 권리가 소멸하는 것을 말한다.

(용어) 그를 목적으로 하는 다른 권리는 소멸 : 저당권이 소멸하는 것을 말한다. 즉 지상권·전세권은 남게 된다.

(용어) 점유권 : 물건을 사실상 지배하고 있는 것을 말한다. 물건에 대한 권리자인지 여부는 따지지 않는다.

(용어) 점유권에 관하여는 전2항의 규정을 적용하지 아니한다 : 동일한 물건에 대한 소유권과 점유권이 동일한 사람에게 귀속할 때 점유권은 소멸되지 않는다.

제2장 점유권

> 제192조(점유권의 취득과 소멸) ① 물건을 <u>사실상</u> 지배하는 자는 점유권이 있다.
> ② <u>점유자</u>가 물건에 대한 사실상의 지배를 <u>상실</u>한 때에는 점유권이 소멸한다. 그러나 제204조의 규정에 의하여 <u>점유를 회수</u>한 때에는 그러하지 아니하다.

- (용어) 사실상 지배 : 물건에 대한 물건을 사실상 지배하고 있는 것을 말한다. 물건에 대한 권리자인지 여부는 따지지 않는다.
- (용어) 점유자 : 물건을 사실상 지배하고 있는 자를 말한다.
- (용어) 상실 : '권리'나 '능력'을 잃어버린 것을 표시하는 단어이다.
- (용어) 회수 : 도로 거두어들인 것을 말한다.
- (용어) 점유를 회수 : 상실한 사실상의 지배를 도로 거두어들인 것을 말한다.

> 제193조(상속으로 인한 점유권의 이전) 점유권은 상속인에 <u>이전</u>한다.

- (용어) 이전1 : 권리가 상대방에게 넘어가는 현상을 표시하는 단어이다.

> 제194조(<u>간접점유</u>) <u>지상권</u>, <u>전세권</u>, <u>질권</u>, <u>사용대차</u>, <u>임대차</u>, <u>임치</u> 기타의 관계로 타인으로 하여금 물건을 점유하게 한 자는 간접으로 점유권이 있다.

- (용어) 간접점유 : 물건을 간접적으로 점유하는 것을 말한다. 현재 직접적으로 점유를 하지는 않지만, 장차 돌려받을 것이기 때문에 직접 점유자를 통해서나마 간접적으로 점유한다고 보는 말한다.
- (용어) 지상권 : 타인의 토지를 사용·수익하여 건물, 수목을 소유하기 위한 물권을 말한다.

(용어) **전세권** : 전세금을 지급하여 타인의 부동산을 용도에 좇아 사용·수익할 수 있는 물권을 말한다.

(용어) **질권** : 채권의 담보를 위해 점유를 통해 동산에 설정하는 물권을 말한다.

(용어) **사용대차** : 빌려주고 빌린 것을 무상으로 사용하는 것을 말한다. (친구 방을 6개월간 무료로 빌려 쓴 경우가 이에 속한다.)

(용어) **임대차** : 빌려주고 빌린 것을 유상으로 사용하는 것을 말한다. (친구 방을 6개월간 월세를 내고 빌려 쓴 경우가 이에 속한다.)

(용어) **임치** : 맡아주는 것을 말한다.

논점 정리 **대차의 용어**

ⓐ 대차 : '대(貸)'는 빌려주는 것을 말하고, '차(借)'는 빌리는 것을 말한다.

논점 정리 **대차의 유형**

ⓑ **사용대차** : 빌려주고 빌린 것을 무상으로 사용하고 그 빌려 준 물건을 그대로 돌려주는 것을 말한다. (친구 방을 6개월간 무료로 빌려 쓴 경우가 이에 속한다.)

ⓒ **임대차** : 빌려주고 빌린 것을 유상으로 사용하고 그 빌려 준 물건을 그대로 돌려주는 것을 말한다. (친구 방을 6개월간 월세를 내고 빌려 쓴 경우가 이에 속한다. pc방에서 요금을 내는 것과 자동차나 정수기를 렌트하는 것 등이 모두 임대차계약이다.)

ⓓ **소비대차** : 빌려주고 빌린 것을 소비하고 동일한 종류, 수량, 품질의 물건으로 돌려주는 것을 말한다. (돈을 빌려서 이를 쓰고 다른 돈으로 갚거나 쌀을 빌려서 먹고 다른 쌀로 갚는 경우가 이에 속한다.)

제195조 (점유보조자) 가사상, 영업상 기타 유사한 관계에 의하여 타인의 지시를 받아 물건에 대한 사실상의 지배를 하는 때에는 그 타인만을 점유자로 한다.

(용어) 점유보조자 : 점유자의 점유를 보조해 주는 자를 말한다. 따라서 점유보조자는 점유자로부터 지시를 받을 수 밖에 없다. (편의점의 점주는 점유자, 편의점의 아르바이트생은 점유보조자가 된다.)

> **제196조 (점유권의 양도)** ① 점유권의 양도는 점유물의 인도로 그 효력이 생긴다.
> ② 전항의 점유권의 양도에는 제188조제2항, 제189조, 제190조의 규정을 준용한다.

논점 정리 부동산
- ◆ 소유권의 양도 : 등기나 명인방법으로 소유권을 양도한다.
- ◆ 점유권의 양도 : 점유물의 인도로 점유권을 양도한다.

논점 정리 동산
- ◆ 소유권의 양도 : 인도로 소유권을 양도한다.
- ◆ 점유권의 양도 : 점유물의 인도로 점유권을 양도한다.

> **제197조 (점유의 태양)** ① 점유자는 <u>소유의 의사로 선의</u>, <u>평온 및 공연하게 점유한 것으로 추정</u>한다.
> ② <u>선의의 점유자라도 본권에 관한 소에 패소한 때에는 그 소가 제기된 때로부터 악의의 점유자</u>로 본다.

(용어) 태양 : 형태와 모양을 말한다.
(용어) 점유의 태양 : 점유의 형태와 모양을 말한다.
(용어) 소유의 의사로 점유 : 자기의 소유라는 의사로 점유하는 것을 말한다. '자주점유'라고도 한다. (자기의 소유가 아니라는 의사로 점유하는 것은 '타주점유'라고 한다.)
(용어) 선의 : 어떤 사정을 알지 못하는 것을 말한다.

(용어) 평온하게 점유 : 다툼이 없는 점유를 말한다. (다툼이 있는 점유를 '폭력으로 하는 점유'라고 한다.)

(용어) 공연하게 점유 : 공개적으로 점유하는 것을 말한다. (숨겨서 비밀로 하면서 하는 점유를 '은비점유'라고 한다.)

(용어) 추정 : 법률적으로 확실하지 않은 사실을 진실한 것으로 추측해서 우선적으로 정하는 것을 표시하는 단어이다. 그 후 다투는 자가 그 반대 사실의 증거를 제출하면 추정은 깨어진다.

(용어) 선의의 점유자1 : 점유할 권리가 없음을 모르고 점유하는 자를 말한다.

(용어) 악의의 점유자1 : 점유할 권리가 없음을 알고서 점유하는 자를 말한다.

(용어) 본권 : 물건에 대한 권리를 가지고 있는 자가 관념상 물건을 지배하는 권리를 말한다. 본권은 다시 완전한 권리를 갖추고 있는 완전물권과 제한된 권리를 갖추고 있는 제한물권으로 나누어진다.

제198조 (점유계속의 추정) 전후 양시에 점유한 사실이 있는 때에는 그 점유는 계속한 것으로 추정한다.

(용어) 계속 : 끊어지지 않고 이어나감을 말한다.

(용어) 점유계속 : 점유가 끊어지지 않고 이어나감을 말한다.

(용어) 전후 양시에 : 앞과 뒤 양 시점에

제199조 (점유의 승계의 주장과 그 효과) ① 점유자의 승계인은 자기의 점유만을 주장하거나 자기의 점유와 전점유자의 점유를 아울러 주장할 수 있다.
② 전점유자의 점유를 아울러 주장하는 경우에는 그 하자도 계승한다.

(용어) 승계 또는 계승 : 이어받는 것을 말한다.

(용어) 승계인 : 권리와 의무를 이어받은 사람을 말한다.

(용어) 전점유자 : 앞선 점유자를 말한다.

(용어) 아울러 주장 : 동시에 함께 주장하는 것을 말한다.

(용어) 점유의 하자 : 타주점유, 폭력점유, 은비점유, 악의점유, 과실점유를 통칭해서 말하는 것이다.

> **제200조 (권리의 적법의 추정)** 점유자가 점유물에 대하여 행사하는 권리는 적법하게 보유한 것으로 추정한다.

> **제201조 (점유자와 과실)** ① <u>선의의 점유자</u>는 점유물의 <u>과실</u>을 취득한다.
> ② <u>악의의 점유자</u>는 <u>수취</u>한 과실을 반환하여야 하며 소비하였거나 과실로 인하여 <u>훼손</u> 또는 수취하지 못한 경우에는 그 과실의 대가를 <u>보상</u>하여야 한다.
> ③ <u>전항의 규정은 폭력 또는 은비에 의한 점유자에 준용한다</u>.

(용어) 선의의 점유자2 : 과실취득권을 포함하는 본권을 가지고 있다고 잘못 믿으면서 한 점유를 말하고, 그렇게 생각하는데 정당한 근거가 있어야 한다.

(용어) 악의의 점유자2 : 과실취득권이 없음을 알면서 한 점유자를 말한다.

(용어) 과실2 : 원물로부터 생기는 수익물을 말한다. '果實'라고 표시한다.

(용어) 수취 : 거두어 모으는 것을 말한다.

(용어) 훼손 : '물건'이 헐거나 깨져서 못쓰게 되는 것을 표시하는 단어이다.

(용어) 보상 : 적법행위에 대한 대가를 주는 것을 표시하는 단어이다.

(용어) 폭력에 의한 점유자 : 다툼이 있는 점유를 하는 자를 말한다.

(용어) 은비에 의한 점유자 : 숨겨서 비밀로 하면서 점유하는 자를 말한다.

(용어) 전항의 규정은 폭력 또는 은비에 의한 점유자에 준용한다 : 폭력 또는 은비에 의한 점유자는 악의의 점유자와 같이 수취한 과실을 반환하여야 하며 소비하였거나 과실로 인하여 훼손 또는 수취하지 못한 경우에는 그 과실의 대가를 보상하여야 한다.

> 제202조 (점유자의 회복자에 대한 책임) 점유물이 점유자의 책임 있는 사유로 인하여 멸실 또는 훼손한 때에는 악의의 점유자는 그 손해의 전부를 배상하여야 하며 선의의 점유자는 이익이 현존하는 한도에서 배상하여야 한다. 소유의 의사가 없는 점유자는 선의인 경우에도 손해의 전부를 배상하여야 한다.

- (용어) 회복자 : 원래상태로 점유물을 찾아가는 자를 말한다.
- (용어) 점유물 : 점유하고 있는 물건을 말한다.
- (용어) 멸실 : '물건'이 멸망해서 사라진 것을 표시하는 단어이다.
- (용어) 악의 : 어떤 사정을 알고 있는 것을 말한다.
- (용어) 배상 : 위법행위에 대한 대가를 주는 것을 표시하는 단어이다.

> 제203조 (점유자의 상환청구권) ① 점유자가 점유물을 반환할 때에는 회복자에 대하여 점유물을 보존하기 위하여 지출한 금액 기타 필요비의 상환을 청구할 수 있다. 그러나 점유자가 과실을 취득한 경우에는 통상의 필요비는 청구하지 못한다.
> ② 점유자가 점유물을 개량하기 위하여 지출한 금액 기타 유익비에 관하여는 그 가액의 증가가 현존한 경우에 한하여 회복자의 선택에 좇아 그 지출금액이나 증가액의 상환을 청구할 수 있다.
> ③ 전항의 경우에 법원은 회복자의 청구에 의하여 상당한 상환기간을 허여할 수 있다.

- (용어) 보존 : '물건'을 보호하여 원래 상태를 유지하는 것을 표시하는 단어이다.
- (용어) 과실2 : 원물로부터 생기는 수익물을 말한다. '果實'라고 표시한다.
- (용어) 필요비 : 필요한 비용을 말한다. 필요비는 다시 통상의 필요비와 특별한 필요비로 나뉜다.
- (용어) 통상의 필요비 : 통상적으로 들어가는 필요비를 말한다. (방에 비가 새서 수리에 비용이 든 경우가 이에 속한다.)

- (용어) **특별한 필요비** : 특별한 경우에 들어가는 필요비를 말한다. (대풍에 깨진 유리창을 교체하는데 비용이 든 경우가 이에 속한다.)
- (용어) **유익비** : 물건에 비용을 들임으로써 가치를 증대시키는 비용을 말한다.
- (용어) **상환** : 돌려주는 것을 말한다.
- (용어) **선택** : 민법은 선택권을 원칙적으로 채무자에게 부여하고 있다.
- (용어) **회복자의 선택** : 선택권이 회복자에게 있음을 말한다. 지출금액이나 증가액에 대한 채무는 회복자가 부담함으로 선택권을 채무자인 회복자에게 부여하고 있다.
- (용어) **법원(法院)** : 사법권을 행사하는 국가기관을 말한다. '法院'라고 표시한다.
- (용어) **허여** : 허락하여 주는 것을 말한다.

> **논점 정리** 선택권의 주체
> ⓐ 원칙 : 민법은 선택권을 원칙적으로 채무자에게 부여하고 있다. 점유자가 점유물을 개량하기 위하여 지출한 금액 기타 유익비에 관하여는 지출금액이나 증가액의 상환에 대한 선택권을 채무자인 회복자에게 부여하고 있다.
> ⓑ 예외 : 무권대리의 경우 계약을 이행할 책임 또는 손해를 배상할 책임에 대한 선택권을 예외적으로 채권자인 상대방에게 부여하고 있다.

> **제204조 (점유의 회수)** ① 점유자가 점유의 <u>침탈</u>을 당한 때에는 그 <u>물건의 반환</u> 및 손해의 배상을 청구할 수 있다.
> ② 전항의 청구권은 <u>침탈자의 특별승계인</u>에 대하여는 행사하지 못한다. 그러나 승계인이 악의인 때에는 그러하지 아니하다.
> ③ 제1항의 청구권은 침탈을 당한 날로부터 1년 내에 행사하여야 한다.

- (용어) **침탈** : 점유자의 의사에 의하지 않고 침범에 의하여 탈취한 것을 말한다. 절도, 강도를 당해서 물건을 빼앗긴 것이 바로 침탈이다.
- (용어) **물건의 반환** : 물건을 돌려주는 것을 말한다.

(용어) 침탈자 : 절도나 강도로 타인의 물건을 빼앗은 자를 말한다. '절도범·강도범' 이라고도 한다.

(용어) 특별승계인 : 특별한 권리와 의무를 이어받은 사람을 말한다. (일정한 물건을 매수하거나 증여받는 사람이 이에 속한다.)

제205조 (점유의 보유) ① 점유자가 <u>점유의 방해</u>를 받은 때에는 그 <u>방해의 제거</u> 및 손해의 배상을 청구할 수 있다.
② 전항의 청구권은 방해가 종료한 날로부터 1년 내에 행사하여야 한다.
③ <u>공사</u>로 인하여 점유의 방해를 받은 경우에는 공사 착수후 1년을 경과하거나 그 공사가 완성한 때에는 방해의 제거를 청구하지 못한다.

(용어) 방해 : 순조롭지 못하게 해를 끼치는 것을 말한다.

(용어) 점유의 방해를 받은 때 : 점유를 순조롭지 못하게 해를 받은 때를 말한다.

(용어) 방해의 제거 : 방해를 사라지게 하는 것을 말한다.

(용어) 공사 : 건축 등에 관련된 일을 말한다.

제206조 (점유의 보전) ① 점유자가 <u>점유의 방해를 받을 염려</u>가 있는 때에는 그 방해의 예방 또는 <u>손해배상의 담보</u>를 청구할 수 있다.
② 공사로 인하여 점유의 방해를 받을 염려가 있는 경우에는 전조 제3항의 규정을 준용한다.

(용어) 보전 : '권리'를 보호하여 유지하는 것을 표시하는 단어이다.

(용어) 점유의 방해를 받을 염려 : 점유를 순조롭지 못하게 해를 입을 우려가 있는 때를 말한다.

(용어) 담보 : 물건으로 채무를 떠맡는 것을 표시하는 단어이다. 민법은 담보라는 단어를 경우에 따라 '담보물'이나 '담보물권'을 표시하는 단어로 대신 사용하고 있다.

(용어) 손해배상 : 위법행위로 발생한 손해에 대한 대가를 주는 것을 표시하는 단어이다.

(용어) 손해배상의 담보를 청구 : 손해배상이라는 채무를 떠맡는 담보물을 청구하는 것을 말한다.

제207조 (간접점유의 보호) ① <u>전3조의 청구권은 제194조의 규정에 의한 간접점유자도 이를 행사할 수 있다.</u>
② 점유자가 점유의 침탈을 당한 경우에 간접점유자는 그 물건을 점유자에게 반환할 것을 청구할 수 있고 점유자가 그 물건의 반환을 받을 수 없거나 이를 원하지 아니하는 때에는 자기에게 반환할 것을 청구할 수 있다.

(용어) 전3조의 청구권은 간접점유자도 이를 행사할 수 있다 : 점유의 회수청구권, 점유의 보유청구권, 점유의 보전청구권은 간접점유자도 행사할 수 있다.

제208조 (점유의 소와 본권의 소와의 관계) ① 점유권에 기인한 소와 본권에 기인한 소는 서로 영향을 미치지 아니한다.
② 점유권에 기인한 소는 본권에 관한 이유로 재판하지 못한다.

(용어) 점유의 소 : 점유권에 기인한 소를 말한다.
(용어) 본권의 소 : 본권에 기인한 소를 말한다.

제209조 (자력구제) ① 점유자는 그 점유를 부정히 침탈 또는 방해하는 행위에 대하여 자력으로써 이를 방위할 수 있다.
② 점유물이 침탈되었을 경우에 부동산일 때에는 점유자는 침탈 후 <u>직시</u> 가해자를 배제하여 이를 <u>탈환</u>할 수 있고 동산일 때에는 점유자는 현장에서 또는 추적하여 가해자로부터 이를 탈환할 수 있다.

(용어) 자력구제 : 점유자가 자신의 힘으로 구제하는 것을 말한다.

(용어) 직시 : 즉시를 말한다.

(용어) 탈환 : 침탈당한 것을 다시 찾아오는 것을 말한다.

제210조 (준점유) 본장의 규정은 재산권을 사실상 행사하는 경우에 준용한다.

(용어) 준점유 : 재산권을 점유권에 준해서 보는 것을 말한다. 물건이 아니라 영화 티켓이라는 채권도 자력구제가 가능하다.

제3장 소유권

제1절 소유권의 한계

> 제211조 (소유권의 내용) <u>소유자</u>는 법률의 범위 내에서 그 <u>소유물</u>을 사용, 수익, 처분할 권리가 있다.

(용어) 소유자 : 소유권을 가지고 있는 자를 말한다.

(용어) 소유물 : 소유권의 대상이 되는 물건을 말한다.

> 제212조 (토지소유권의 범위) 토지의 소유권은 정당한 이익 있는 범위내에서 토지의 <u>상하</u>에 미친다.

(용어) 상하 : 위, 아래를 말한다.

> 제213조 (소유물반환청구권) 소유자는 그 소유에 속한 물건을 점유한 자에 대하여 반환을 청구할 수 있다. 그러나 점유자가 그 물건을 <u>점유할 권리</u>가 있는 때에는 반환을 거부할 수 있다.

(용어) 점유할 권리 : 본권 이외의 다른 권리도 포함한다. (점유취득시효가 완성되거나 매수인이어서 소유권이전등기청구권이 생긴 경우가 이에 속한다.)

> 제214조 (소유물방해제거, 방해예방청구권) 소유자는 소유권을 방해하는 자에 대하여 방해의 제거를 청구할 수 있고 소유권을 방해할 염려있는 행위를 하는 자에 대하여 그 예방이나 손해배상의 담보를 청구할 수 있다.

> 제215조 (건물의 구분소유) ① 수인이 한 채의 건물을 구분하여 각각 그 일부분을 소유한 때에는 건물과 그 부속물 중 공용하는 부분은 그의 공유로 추정한다.
> ② 공용부분의 보존에 관한 비용 기타의 부담은 각자의 소유부분의 가액에 비례하여 분담한다.

(용어) 구분소유 : 구분해서 나누어 소유하는 것을 말한다.

(용어) 건물의 구분소유 : 건물을 구분해서 나누어 소유하는 것을 말한다. (아파트가 대표적인 건물의 구분소유이다.)

(용어) 부속물 : 물건을 부착시켰다가 분리했을 때 본래의 성질을 가지는 물건을 말한다. (타이어를 자동차에 부착시켰다가 분리했을 때 타이어의 본래의 성질이 계속 유지된다. 따라서 타이어는 자동차의 부속물이다.)

(용어) 공용하는 부분 : 공동으로 사용하는 부분을 말한다. '공용부분'이라고도 한다.

(용어) 부속물 중 공용하는 부분 : 공동으로 사용하는 부속물을 말한다. (아파트의 엘리베이터가 이에 속한다.)

(용어) 공유 : 공동소유형태 중에서 각자의 몫이 있고 이를 자유롭게 처분할 수 있는 권리를 가진 재산형태이다.

(용어) 공용부분의 보존에 관한 비용 : 아파트 복도나 엘리베이터의 보존에 관한 비용을 말한다.

> 제216조 (인지사용청구권) ① 토지소유자는 경계나 그 근방에서 담 또는 건물을 축조하거나 수선하기 위하여 필요한 범위내에서 이웃 토지의 사용을 청구할 수 있다. 그러나 이웃 사람의 승낙이 없으면 그 주거에 들어가지 못한다.
> ② 전항의 경우에 이웃 사람이 손해를 받은 때에는 보상을 청구할 수 있다.

(용어) 인지 : 인접한 토지를 말한다.

(용어) 인지사용청구권 : 인접한 토지에 대해 사용을 청구할 수 있는 권리를 말한다.

(용어) 승낙 : 기존의 행위에 대해서 인정해 주는 것을 표시하는 단어이다.

제217조(매연 등에 의한 인지에 대한 방해금지) ① 토지소유자는 <u>매연</u>, <u>열기체</u>, 액체, 음향, 진동 기타 이에 유사한 것으로 이웃 토지의 사용을 방해하거나 이웃 거주자의 생활에 고통을 주지 아니하도록 적당한 <u>조처</u>를 할 의무가 있다.
② 이웃 거주자는 <u>전항의 사태</u>가 이웃 토지의 통상의 용도에 적당한 것인 때에는 이를 <u>인용</u>할 의무가 있다.

(용어) 매연 : 그을음과 연기를 말한다. (쓰레기를 태웠을 때 나는 그을음과 연기가 이에 속한다.)

(용어) 열기체 : 뜨거운 기운을 말한다. (쓰레기를 태웠을 때 나는 뜨거운 열기가 이에 속한다.)

(용어) 조처 : 조치를 말한다.

(용어) 전항의 사태 : 매연, 열기체, 액체, 음향, 진동 기타 이에 유사한 것이 벌어진 상태를 말한다.

(용어) 인용 : 인정하고 용납함을 말한다.

제218조(수도 등 시설권) ① <u>토지소유자</u>는 타인의 토지를 통과하지 아니하면 필요한 <u>수도</u>, <u>소수관</u>, <u>까스관</u>, 전선 등을 시설할 수 없거나 과다한 비용을 요하는 경우에는 타인의 토지를 통과하여 이를 시설할 수 있다. 그러나 이로 인한 손해가 가장 적은 장소와 방법을 <u>선택</u>하여 이를 시설할 것이며 타 토지의 소유자의 요청에 의하여 손해를 보상하여야 한다.
② 전항에 의한 시설을 한 후 사정의 변경이 있는 때에는 타토지의 소유자는 그 시설의 변경을 청구할 수 있다. 시설변경의 비용은 토지소유자가 부담한다.

(용어) 수도 : 수돗물을 받아 쓸 수 있게 만든 시설. 상수도·하수도를 모두 말한다.

(용어) 소수관 : 물을 보내는 관을 말한다.

(용어) 까스관 : 가스를 보내는 관을 말한다.

(용어) 토지소유자의 선택 : 선택권이 토지소유자에게 있음을 말한다. 타 토지 사용에 대한 손해를 배상할 채무는 토지소유자가 부담함으로 선택권을 채무자인 토지소유자에게 부여하고 있다.

> 제219조 (<u>주위토지통행권</u>) ① 어느 토지와 <u>공로</u>사이에 그 토지의 용도에 필요한 <u>통로</u>가 없는 경우에 그 토지소유자는 주위의 토지를 <u>통행</u> 또는 통로로 하지 아니하면 공로에 출입할 수 없거나 과다한 비용을 요하는 때에는 그 주위의 토지를 통행할 수 있고 필요한 경우에는 통로를 <u>개설</u>할 수 있다. 그러나 이로 인한 손해가 가장 적은 장소와 방법을 선택하여야 한다.
> ② 전항의 통행권자는 통행지소유자의 손해를 보상하여야 한다.

(용어) 주위토지 : 주위의 있는 토지를 말한다.

(용어) 주위토지통행권 : 주위에 있는 토지를 통행할 수 있는 권리를 말한다.

(용어) 공로 : 공공도로를 말한다.

(용어) 통로 : 통행로를 말한다.

(용어) 통행 : 지나다니는 것을 말한다.

(용어) 개설 : 설치를 만드는 것을 말한다.

> 제220조 (분할, 일부양도와 주위통행권) ① <u>분할</u>로 인하여 공로에 통하지 못하는 토지가 있는 때에는 그 토지소유자는 공로에 출입하기 위하여 <u>다른 분할자의 토지를 통행할 수 있다</u>. 이 경우에는 보상의 의무가 없다.
> ② 전항의 규정은 토지소유자가 그 <u>토지의 일부를 양도한 경우</u>에 <u>준용</u>한다.

(용어) 분할 : 목적물을 나누는 것을 말한다.

(용어) 다른 분할자의 토지를 통행할 수 있다 : 분할된 토지를 나누어 가진 다른 사람의 토지를 통행할 수 있는 것을 말한다.

(용어) 토지의 일부를 양도 : 토지의 일부를 상대방에게 넘겨주는 것을 말한다.

(용어) 준용 : 토지를 일부 양도 당시 함께 했던 다른 사람의 토지를 통행할 수 있는 것을 말한다.

제221조 (자연유수의 승수의무와 권리) ① 토지소유자는 이웃 토지로부터 자연히 흘러오는 물을 막지 못한다.
② 고지소유자는 이웃 저지에 자연히 흘러 내리는 이웃 저지에서 필요한 물을 자기의 정당한 사용범위를 넘어서 이를 막지 못한다.

(용어) 자연유수 : 자연히 흐르는 물을 말한다.

(용어) 승수의무 : 흐르는 물을 승인해야 하는 의무를 말한다.

(용어) 고지 : 지대가 높은 땅을 말한다.

(용어) 저지 : 지대가 낮은 땅을 말한다.

제222조 (소통공사권) 흐르는 물이 저지에서 폐색된 때에는 고지소유자는 자비로 소통에 필요한 공사를 할 수 있다.

(용어) 소통공사권 : 폐색된 것을 통하게 하는 공사를 할 수 있는 권리를 말한다.

(용어) 폐색 : 닫아서 막혀버리는 것을 말한다.

(용어) 자비 : 자신의 비용을 말한다.

(용어) 소통 : 폐색된 것을 통하게 하는 것을 말한다.

제223조 (저수, 배수, 인수를 위한 공작물에 대한 공사청구권) 토지소유자가 <u>저수</u>, <u>배수</u> 또는 <u>인수</u>하기 위하여 <u>공작물</u>을 설치한 경우에 공작물의 파손 또는 폐색으로 타인의 토지에 손해를 가하거나 가할 염려가 있는 때에는 타인은 그 공작물의 <u>보수</u>, 폐색의 소통 또는 예방에 필요한 청구를 할 수 있다.

(용어) 저수 : 물을 가두는 것을 말한다.

(용어) 배수 : 물을 흘려보내는 것을 말한다.

(용어) 인수 : 물을 끌어 대는 것을 말한다.

(용어) 공작물 : 인공으로 만든 온갖 물건을 말한다. (건물, 교각 정원 등이 있다.)

(용어) 보수2 : 보충해서 수선하는 것을 표시하는 단어이다. '補修'라고 표시한다.

제224조 (관습에 의한 비용부담) 전2조의 경우에 비용부담에 관한 <u>관습</u>이 있으면 그 관습에 의한다.

(용어) 관습 : 관행을 말한다.

제225조 (처마물에 대한 시설의무) 토지소유자는 <u>처마물</u>이 이웃에 <u>직접 낙하</u>하지 아니하도록 적당한 시설을 하여야 한다.

(용어) 처마물 : 처마에서 떨어지는 물을 말한다.

(용어) 직접 낙하 : 직접 떨어지는 것을 말한다.

제226조 (여수소통권) ① 고지소유자는 <u>침수지</u>를 건조하기 위하여 또는 <u>가용</u>이나 농, 공업용의 <u>여수</u>를 소통하기 위하여 공로, 공류 또는 <u>하수도</u>에 <u>달하기까지</u> 저지에 물을 통과하게 할 수 있다.
② 전항의 경우에는 저지의 손해가 가장 적은 장소와 방법을 선택하여야 하며 손해를 보상하여야 한다.

(용어) 침수지 : 물로 인해 침수가 된 땅을 말한다.

(용어) 가용 : 가정용을 말한다.

(용어) 여수 : 남은 물을 말한다.

(용어) 공류 : 공공 하천을 말한다.

(용어) 하수도 : 사용한 물이 흘러가게 한 설비를 말한다.

(용어) 달하기까지 : 도달하기까지를 말한다.

제227조 (유수용공작물의 사용권) ① 토지소유자는 그 소유지의 물을 소통하기 위하여 이웃 토지소유자의 시설한 공작물을 사용할 수 있다.
② 전항의 공작물을 사용하는 자는 그 이익을 받는 비율로 공작물의 설치와 보존의 비용을 분담하여야 한다.

(용어) 유수용공작물의 사용권 : 물을 흐르게 하는 데 사용되는 공작물을 사용할 수 있는 권리를 말한다.

제228조 (여수급여청구권) 토지소유자는 과다한 비용이나 노력을 요하지 아니하고는 가용이나 토지이용에 필요한 물을 얻기 곤란한 때에는 이웃 토지소유자에게 보상하고 여수의 급여를 청구할 수 있다.

(용어) 급여1 : 채무에 따른 이행이 아닐 경우에 표시하는 단어이다. (이웃 토지소유자는 남는 물을 주어야 할 채무가 없음에도 토지소유자가 보상을 통해 남는 물의 이행을 청구할 수 있다고 규정했기 때문이다.)

제229조(수류의 변경) ① 구거 기타 수류지의 소유자는 대안의 토지가 타인의 소유인 때에는 그 수로나 수류의 폭을 변경하지 못한다.
② 양안의 토지가 수류지소유자의 소유인 때에는 소유자는 수로와 수류의 폭을 변경할 수 있다. 그러나 하류는 자연의 수로와 일치하도록 하여야 한다.
③ 전2항의 규정은 다른 관습이 있으면 그 관습에 의한다.

(용어) 구거 : 도랑을 말한다.

(용어) 수류 : 물의 흐름을 말한다.

(용어) 수류지 : 물이 흐르는 땅을 말한다.

(용어) 대안 : 건너편에 있는 언덕을 말한다.

(용어) 수로 : 물을 보내는 통로를 말한다.

(용어) 수류의 폭 : 물길의 폭을 말한다.

(용어) 양안 : 양쪽 대안. 즉 양쪽에 있는 언덕을 말한다.

제230조(언의 설치, 이용권) ① 수류지의 소유자가 언을 설치할 필요가 있는 때에는 그 언을 대안에 접촉하게 할 수 있다. 그러나 이로 인한 손해를 보상하여야 한다.
② 대안의 소유자는 수류지의 일부가 자기소유인 때에는 그 언을 사용할 수 있다. 그러나 그 이익을 받는 비율로 언의 설치, 보존의 비용을 분담하여야 한다.

(용어) 언 : 둑을 말한다.

제231조(공유하천용수권) ① 공유하천의 연안에서 농, 공업을 경영하는 자는 이에 이용하기 위하여 타인의 용수를 방해하지 아니하는 범위내에서 필요한 인수를 할 수 있다.
② 전항의 인수를 하기 위하여 필요한 공작물을 설치할 수 있다.

(용어) 용수 : 물을 사용하는 것을 말한다.

(용어) 용수권 : 물을 사용할 수 있는 권리를 말한다.

(용어) 하천의 연안 : 하천을 따라서 잇닿아 있는 땅을 말한다.

제232조 (하류 연안의 용수권보호) 전조의 인수나 공작물로 인하여 하류연안의 용수권을 방해하는 때에는 그 용수권자는 방해의 제거 및 손해의 배상을 청구할 수 있다.

(용어) 하류연안 : 하천 아래에 있는 잇닿아 있는 땅을 말한다.

제233조 (용수권의 승계) 농, 공업의 경영에 이용하는 수로 기타 공작물의 소유자나 몽리자의 특별승계인은 그 용수에 관한 전소유자나 몽리자의 권리의무를 승계한다.

(용어) 몽리자 : 이익을 위해 물을 이용해 온 사람을 말한다.

제234조 (용수권에 관한 다른 관습) 전3조의 규정은 다른 관습이 있으면 그 관습에 의한다.

제235조 (공용수의 용수권) 상린자는 그 공용에 속하는 원천이나 수도를 각 수요의 정도에 응하여 타인의 용수를 방해하지 아니하는 범위 내에서 각각 용수할 권리가 있다.

(용어) 원천 : 물이 처음으로 나오는 곳을 말한다.

> 제236조 (용수장해의 공사와 손해배상, 원상회복) ① 필요한 용도나 수익이 있는 원천이나 수도가 타인의 건축 기타 공사로 인하여 <u>단수</u>, <u>감수</u> 기타 용도에 <u>장해</u>가 생긴 때에는 <u>용수권자</u>는 손해배상을 청구할 수 있다.
> ② 전항의 공사로 인하여 <u>음료수</u> 기타 생활상 필요한 용수에 장해가 있을 때에는 <u>원상회복</u>을 청구할 수 있다.

(용어) 단수 : 물이 끊기는 것을 말한다.

(용어) 감수 : 물이 줄어드는 것을 말한다.

(용어) 장해 : 물이 막히고 방해가 생기는 것을 말한다.

(용어) 용수권자 : 물을 사용할 수 있는 권리를 가진 자를 말한다.

(용어) 음료수 : 마실 수 있는 물을 말한다.

(용어) 원상회복 : 원래의 상태로 회복하는 것을 말한다.

> 제237조 (경계표, 담의 설치권) ① 인접하여 토지를 소유한 자는 공동비용으로 통상의 경계표나 담을 설치할 수 있다.
> ② 전항의 비용은 쌍방이 절반하여 부담한다. 그러나 측량비용은 토지의 면적에 비례하여 부담한다.
> ③ 전2항의 규정은 다른 관습이 있으면 그 관습에 의한다.

> 제238조 (담의 특수시설권) <u>인지소유자</u>는 자기의 비용으로 담의 재료를 통상보다 <u>양호</u>한 것으로 할 수 있으며 그 높이를 통상보다 높게 할 수 있고 또는 <u>방화벽</u> 기타 특수시설을 할 수 있다.

(용어) 인지소유자 : 인접한 토지의 소유자를 말한다.

(용어) 양호 : 괜찮은 것을 말한다.

(용어) 방화벽 : 불이 번지는 것을 차단하는 벽을 말한다.

제239조 (경계표 등의 공유추정) 경계에 설치된 경계표, 담, 구거 등은 상린자의 공유로 추정한다. 그러나 경계표, 담, 구거 등이 <u>상린자 일방</u>의 단독비용으로 설치되었거나 담이 건물의 일부인 경우에는 <u>그러하지 아니하다</u>.

(용어) 상린자 일방 : 상린관계에 있는 사람 중 일방을 말한다.

(용어) 그러하지 아니하다 : 공유로 추정하지 아니하는 것을 말한다.

제240조 (<u>수지</u>, <u>목근</u>의 제거권) ① 인접지의 <u>수목가지</u>가 경계를 넘은 때에는 그 소유자에 대하여 가지의 제거를 청구할 수 있다.
② 전항의 청구에 응하지 아니한 때에는 청구자가 그 가지를 제거할 수 있다.
③ 인접지의 수목뿌리가 경계를 넘은 때에는 임의로 제거할 수 있다.

(용어) 수지 : 수목의 나뭇가지를 말한다.

(용어) 수목 : 살아 있는 나무를 말한다.

(용어) 수목가지 : 나뭇가지를 말한다.

(용어) 목근 : 수목의 뿌리를 말한다.

제241조 (토지의 심굴금지) 토지소유자는 인접지의 지반이 붕괴할 정도로 자기의 토지를 <u>심굴</u>하지 못한다. 그러나 충분한 방어공사를 한 때에는 그러하지 아니하다.

(용어) 심굴 : 깊이 파는 것을 말한다.

제242조 (경계선부근의 건축) ① 건물을 축조함에는 특별한 관습이 없으면 경계로부터 반미터 이상의 거리를 두어야 한다.
② 인접지소유자는 전항의 규정에 위반한 자에 대하여 건물의 변경이나 철거를 청구할 수 있다. 그러나 건축에 착수한 후 1년을 경과하거나 건물이 완성된 후에는 손해배상만을 청구할 수 있다.

제243조 (차면시설의무) 경계로부터 2미터 이내의 거리에서 이웃 주택의 내부를 관망할 수 있는 창이나 마루를 설치하는 경우에는 적당한 차면시설을 하여야 한다.

(용어) 관망 : 바라볼 수 있는 것을 말한다.
(용어) 차면시설 : 내부가 보이지 않게 가리는 시설을 말한다.

제244조 (지하시설 등에 대한 제한) ① 우물을 파거나 용수, 하수 또는 오물 등을 저치할 지하시설을 하는 때에는 경계로부터 2미터 이상의 거리를 두어야 하며 저수지, 구거 또는 지하실공사에는 경계로부터 그 깊이의 반 이상의 거리를 두어야 한다.
② 전항의 공사를 함에는 토사가 붕괴하거나 하수 또는 오액이 이웃에 흐르지 아니하도록 적당한 조처를 하여야 한다.

(용어) 용수 : 사용할 물을 말한다.
(용어) 하수 : 사용한 물을 말한다.
(용어) 오물 : 똥, 오줌 등을 말한다.
(용어) 토사가 붕괴 : 토사가 허물어 무너지는 것을 말한다.
(용어) 오액 : 더러운 액체를 말한다.

제2절 소유권의 취득

> 제245조 (점유로 인한 <u>부동산소유권의 취득기간</u>) ① 20년간 소유의 의사로 평온, 공연하게 부동산을 점유하는 자는 등기함으로써 그 소유권을 취득한다.
> ② 부동산의 소유자로 등기한 자가 10년간 소유의 의사로 평온, 공연하게 선의이며 과실없이 그 부동산을 점유한 때에는 소유권을 취득한다.

(용어) 취득기간 : 취득하는데 필요한 기간을 말한다.

(용어) 부동산소유권의 취득기간 : 부동산소유권을 취득하는데 필요한 기간을 말한다.

(용어) 20년간 소유의 의사로 평온, 공연하게 부동산을 점유하는 자는 등기 : 등기는 대항요건의 성격을 가지는 것이 원칙이지만 세금징수의 편의성을 위해서 예외적으로 성립요건의 성격을 가지는 등기도 있다.

(용어) 20년간 소유의 의사로 평온, 공연하게 부동산을 점유하는 자는 등기함으로써 그 소유권을 취득한다 : 부동산에 관한 점유취득시효로 인한 소유권등기는 성립요건이라 등기를 함으로써 부동산의 물권을 취득하고, 기존 소유자는 소유권을 상실하게 된다.

(용어) 과실1 : 주의의무를 다하지 못하여 일정한 결과의 발생을 인식하지 못해서 결과를 피할 수 없게 되는 행위, 즉 실수에 따른 행위를 표시하는 단어이다. 따라서 알 수 있었을 때라는 것도 주의의무를 다하지 못해서 알 수 있었으나 알지 못하게 된 경우로 과실의 다른 표현이다. '過失'라고 표시한다.

> **논점 정리** 부동산 소유자의 권리보호

ⓐ 제213조 : 소유자는 그 소유에 속한 물건을 점유한 자에 대하여 반환을 청구할 수 있다. 그러나 점유자가 그 물건을 점유할 권리가 있는 때에는 반환을 거부할 수 있다.

> **논점 정리** 20년간 점유한 자의 권리보호

ⓑ 제245조 : 20년간 소유의 의사로 평온, 공연하게 부동산을 점유하는 자는 등기함으로써 그 소유권을 취득한다. 등기만 하면 소유권을 취득할 수 있는 권리를 가지고 있으므로 점유취득시효 완성자는 물건을 점유할 권리가 있다.

> **논점 정리** 점유취득시효의 경우에는 점유자의 보호가 우선

ⓒ 부동산은 소유자 보호 : 부동산의 경우에는 거래가 활발하지 않아서 거래의 안전보다 소유자 보호에 우선을 둔다. 그럼에도 불구하고 점유취득시효는 20년 이상의 점유로 인해 점유자가 진정한 소유자처럼 보이게 되므로 점유자를 더욱 보호하는 예외 규정이다.

제246조 (점유로 인한 동산소유권의 취득기간) ① 10년간 소유의 의사로 평온, 공연하게 동산을 점유한 자는 그 소유권을 취득한다.
② 전항의 점유가 선의이며 과실없이 개시된 경우에는 5년을 경과함으로써 그 소유권을 취득한다.

(용어) 과실1 : 주의의무를 다하지 못하여 일정한 결과의 발생을 인식하지 못해서 결과를 피할 수 없게 되는 행위, 즉 실수에 따른 행위를 표시하는 단어이다. 따라서 알 수 있었을 때라는 것도 주의의무를 다하지 못해서 알 수 있었으나 알지 못하게 된 경우로 과실의 다른 표현이다. '過失'라고 표시한다.

제247조 (소유권취득의 소급효, 중단사유) ① 전2조의 규정에 의한 소유권취득의 효력은 점유를 개시한 때에 소급한다.
② 소멸시효의 중단에 관한 규정은 전2조의 소유권취득기간에 준용한다.

(용어) 소급 : 거슬러 올라가 미치는 것을 말한다. '처음부터'라고도 한다.

(용어) 소멸시효 : 권리를 행사하지 않고 일정한 시간이 지나면 권리가 소멸하는 것을 말한다.

(용어) 중단 : 중간에 하던 일이 끊어져 단절되는 것을 표시하는 단어이다. 처음부터 다시 시작해야 한다.

(용어) 소멸시효의 중단 : 소멸시효가 진행되다가 중간에 끊어져 단절되는 것을 말한다.

제248조 (소유권 이외의 재산권의 취득시효) 전3조의 규정은 소유권 이외의 재산권의 취득에 준용한다.

제249조 (선의취득) 평온, 공연하게 동산을 양수한 자가 선의이며 과실없이 그 동산을 점유한 경우에는 양도인이 정당한 소유자가 아닌 때에도 즉시 그 동산의 소유권을 취득한다.

(용어) 선의취득 : 양도하는 자가 권리가 없음을 모르고 양수하게 되면 권리를 취득하는 것을 말한다.

(용어) 양수 : 상대방이 받는 것을 표시하는 단어이다.

(용어) 양수한 자 : 넘겨받은 자를 말한다. '양수인'이라고도 한다.

(용어) 과실1 : 주의의무를 다하지 못하여 일정한 결과의 발생을 인식하지 못해서 결과를 피할 수 없게 되는 행위, 즉 실수에 따른 행위를 표시하는 단어이다. 따라서 알 수 있었을 때라는 것도 주의의무를 다하지 못해서 알 수 있었으나 알지 못하게 된 경우로 과실의 다른 표현이다. '過失'라고 표시한다.

> **논점 정리** 선의취득의 경우에는 점유자의 보호가 우선

ⓐ 동산은 거래안전 보호 : 동산의 경우에는 거래가 활발하기 때문에 소유자보호보다 거래의 안전 보호에 우선을 둔다.

ⓑ 제249조 : 평온, 공연하게 동산을 양수한 자가 선의이며 과실 없이 그 동산을 점유하면 동산의 소유권을 취득한다.

> **논점 정리** 준부동산의 개념

ⓒ 동산 중에서 거래가 활발하지 않은 동산은 부동산에 준해서 취급 : 자동차, 항공기, 선박, 중기 등의 동산은 거래가 활발하지 않아서 거래의 안전보다 소유자 보호에 우선을 둔다. 따라서 이러한 동산을 부동산처럼 다루겠다고 하여 준부동산이라고 부른다.

ⓓ 선의취득 인정 안됨 : 자동차, 항공기, 선박, 중기 등의 동산은 이러한 이유로 선의취득이 인정되지 않는다.

제250조 (도품, 유실물에 대한 특례) 전조의 경우에 그 동산이 <u>도품</u>이나 <u>유실물</u>인 때에는 <u>피해자</u> 또는 <u>유실자</u>는 도난 또는 유실한 날로부터 2년내에 그 물건의 반환을 청구할 수 있다. 그러나 도품이나 유실물이 금전인 때에는 <u>그러하지 아니하다.</u>

(용어) 도품 : 절도나 강도를 통해서 빼앗긴 물품을 말한다.

(용어) 유실물 : 잃어버린 물건을 말한다.

(용어) 피해자 : 절도나 강도를 통해서 물품을 빼앗긴 자를 말한다.

(용어) 유실자 : 물건을 잃어버린 자를 말한다.

(용어) 그러하지 아니하다 : 도난 또는 유실한 날로부터 2년 내에 반환을 청구할 수 없다. 금전의 유통성을 보호하기 위한 조치이다.

제251조 (도품, 유실물에 대한 특례) 양수인이 도품 또는 유실물을 경매나 공개시장에서 또는 동종류의 물건을 판매하는 상인에게서 선의로 매수한 때에는 피해자 또는 유실자는 양수인이 지급한 대가를 변상하고 그 물건의 반환을 청구할 수 있다.

(용어) 공개시장 : 일반이 자유로이 상품을 팔고 살 수 있는 시장을 말한다.

(용어) 동종류 : 같은 종류를 말한다.

(용어) 상인 : 상행위를 하는 사람을 말한다.

(용어) 지급 : 금전이 상대방에게 넘어가는 현상을 표시하는 단어이다.

제252조 (무주물의 귀속) ① 무주의 동산을 소유의 의사로 점유한 자는 그 소유권을 취득한다.
② 무주의 부동산은 국유로 한다.
③ 야생하는 동물은 무주물로 하고 사양하는 야생동물도 다시 야생상태로 돌아가면 무주물로 한다.

(용어) 무주 : 주인이 없음을 말한다.

(용어) 무주물 : 주인이 없는 물건을 말한다.

(용어) 국유 : 국가 소유를 말한다.

(용어) 야생 : 산이나 들에서 저절로 나서 자라는 것을 말한다.

(용어) 사양하는 야생동물 : 기르는 야생동물을 말한다.

제253조 (유실물의 소유권취득) 유실물은 법률에 정한 바에 의하여 공고한 후 6개월 내에 그 소유자가 권리를 주장하지 아니하면 습득자가 그 소유권을 취득한다.

(용어) 공고 : 어떤 사실을 대중들에게 공개적인 방법으로 알리는 것을 표시하는 단어이다.

(용어) 습득자 : 유실물을 주은 자를 말한다.

제254조 (매장물의 소유권취득) 매장물은 법률에 정한 바에 의하여 공고한 후 1년 내에 그 소유자가 권리를 주장하지 아니하면 발견자가 그 소유권을 취득한다. 그러나 타인의 토지 기타 물건으로부터 발견한 매장물은 그 토지 기타 물건의 소유자와 발견자가 절반하여 취득한다.

(용어) 매장물 : 묻어서 감추어진 물건을 말한다.
(용어) 발견자 : 매장물을 발견한 자를 말한다.

제255조 (「국가유산기본법」 제3조에 따른 국가유산의 국유) ① 학술, 기예 또는 고고의 중요한 재료가 되는 물건에 대하여는 제252조제1항 및 전2조의 규정에 의하지 아니하고 국유로 한다.
② 전항의 경우에 습득자, 발견자 및 매장물이 발견된 토지 기타 물건의 소유자는 국가에 대하여 적당한 보상을 청구할 수 있다.

(용어) 고고 : 고대의 역사적 사실의 연구를 말한다.

제256조 (부동산에의 부합) 부동산의 소유자는 그 부동산에 부합한 물건의 소유권을 취득한다. 그러나 타인의 권원에 의하여 부속된 것은 그러하지 아니하다.

(용어) 부합 : 물건을 부착시켰다가 분리했을 때 본래의 성질이 훼손되거나 과다한 비용을 요하는 것을 말한다.
(용어) 부합한 물건 : 물건을 부착시켰다가 분리했을 때 본래의 성질이 훼손되거나 과다한 비용을 요하는 물건을 말한다. '부합물'이라고도 한다.

(용어) 권원 : 일정한 행위를 정당화하는 법률상 원인을 의미한다.

(용어) 타인의 권원 : 타인이 가진 일정한 행위를 정당화할 수 있는 법률상 원인을 의미한다. (임차인이 가진 임차권이 이에 속한다.)

(용어) 부속 : 물건을 부착시켰다가 분리했을 때 본래의 성질을 가지는 것을 말한다.

(용어) 부속된 것 : 물건을 부착시켰다가 분리했을 때 본래의 성질을 가지는 물건을 말한다. '부속물'이라고도 한다.

> **논점 정리** 제256조의 부동산에의 부합의 의미
>
> ◆ 제256조 제목의 '부동산에의 부합'이라는 단어는 부동산에 부합된 물건이든 부속된 물건이든 구분 없이 모두를 포섭하는 의미로 사용된다. 물권법에서 '부동산에 부합'이라고 한다면 이는 제256조의 '부동산에의 부합'이라는 단어의 의미로 사용되는 것이다.

제257조 (동산간의 부합) 동산과 동산이 부합하여 훼손하지 아니하면 분리할 수 없거나 그 분리에 과다한 비용을 요할 경우에는 그 합성물의 소유권은 주된 동산의 소유자에게 속한다. 부합한 동산의 주종을 구별할 수 없는 때에는 동산의 소유자는 부합당시의 가액의 비율로 합성물을 공유한다.

(용어) 합성물 : 동산과 동산의 성분이 합쳐진 물건을 말한다. (12가지 잡곡이 섞여서 만들어진 12잡곡이란 제품이 이에 속한다.)

(용어) 주된 동산 : 주요한 동산을 말한다.

(용어) 동산의 주종을 구별할 수 없는 때 : 주된 동산과 종된 동산을 구별할 수 없는 때를 말한다.

제258조 (혼화) 전조의 규정은 동산과 동산이 혼화하여 식별할 수 없는 경우에 준용한다.

(용어) 혼화 : 뒤섞이어 딴 물건이 되는 것을 말한다. (여러 종류의 술을 섞어서 칵테일이 되는 경우가 이에 속한다.)

> **제259조 (가공)** ① 타인의 동산에 <u>가공</u>한 때에는 그 물건의 소유권은 원재료의 소유자에게 속한다. 그러나 가공으로 인한 가액의 증가가 원재료의 가액보다 현저히 <u>다액</u>인 때에는 가공자의 소유로 한다.
> ② <u>가공자</u>가 재료의 일부를 제공하였을 때에는 그 가액은 전항의 증가액에 가산한다.

(용어) 가공 : 원재료에 공작을 가하여 새로운 물건을 만드는 것을 말한다.

(용어) 가공자 : 원재료에 공작을 가하여 새로운 물건을 만드는 자를 말한다.

(용어) 다액 : 많은 액수를 말한다.

> **제260조 (<u>첨부의 효과</u>)** ① 전4조의 규정에 의하여 동산의 소유권이 소멸한 때에는 그 동산을 목적으로 한 다른 권리도 소멸한다.
> ② 동산의 소유자가 합성물, 혼화물 또는 가공물의 단독소유자가 된 때에는 전항의 권리는 합성물, 혼화물 또는 가공물에 존속하고 그 공유자가 된 때에는 그 지분에 존속한다.

(용어) 첨부 : 더하여 붙이는 것을 말한다. 부합, 혼화, 가공을 통해서 붙이는 모든 경우를 통칭해서 첨부라 말한다.

> **제261조 (<u>첨부로 인한 구상권</u>)** 전5조의 경우에 손해를 받은 자는 부당이득에 관한 규정에 의하여 보상을 청구할 수 있다.

(용어) 구상권 : 돌려달라고 구하는 것을 말한다.

(용어) 첨부로 인한 구상권 : 부합·혼화·가공이라는 첨부를 통해서 권리를 상실한 자가 손해를 돌려달라고 구하는 것을 말한다.

제3절 공동소유

> **논점 정리** 공동소유의 유형
> ⓐ 의의 : 공동소유의 유형은 공유, 합유, 총유로 구분된다.
>
> **논점 정리** 먼저 지분여부로 구분해라.
> ⓑ 지분 유무를 찾는 방법 : 공동소유로부터 탈퇴시 자신에게 나누어주는 몫이 있으면 지분이 있는 것이고 그렇지 않은 경우에는 지분이 없는 것이다.
> ⓒ 총유 : 공동소유 중에서 지분이 없는 경우에는 총유가 된다.
> ⓓ 합유, 총유 : 공동소유 중에서 지분이 있는 경우에는 공유, 합유가 된다.
>
> **논점 정리** 지분이 있는 경우 공동사업의 경영여부로 구분해라.
> ⓔ 합유 : 지분이 있는 공동소유가 공동사업의 경영을 위한 경우에는 합유가 된다.
> ⓕ 공유 : 지분이 있는 공동소유가 공동사업의 경영을 위한 경우가 아니면 공유가 된다. 따라서 공동소유의 원칙적인 모습은 공유이다. 아내와 같이 공동명의로 산 아파트는 지분이 있으므로 총유는 아니고, 공동사업의 경영을 위한 것은 아니므로 합유도 아니다. 따라서 공유재산이 된다.

제262조(물건의 공유) ① 물건이 <u>지분</u>에 의하여 수인의 소유로 된 때에는 공유로 한다.
② <u>공유자의 지분은 균등한 것으로 추정한다.</u>

(용어) 지분 : 자신에게 나누어진 몫을 말한다.
(용어) 공유자의 지분 : 공유자 자신에게 나누어진 몫을 말한다. (甲과 乙이 절반씩 돈을 내서 차를 샀다. 차에 대한 甲과 乙의 지분은 각각 1/2이다.)

제263조(공유지분의 처분과 공유물의 사용, 수익) 공유자는 <u>그 지분을 처분할 수 있고 <u>공유물</u> 전부를 지분의 비율로 사용, 수익할 수 있다.</u>

> **용어** 그 지분을 처분 : 공유자 자신에게 나누어진 몫을 처분하는 것을 말한다. (甲이 차에 대한 자신의 지분 1/2을 丙에게 팔았다.)

> **용어** 공유물 : 공유자들이 소유하는 물건을 말한다. (甲과 乙이 절반씩 돈을 내서 산 차가 공유물이다.)

제264조 (공유물의 처분, 변경) 공유자는 다른 공유자의 <u>동의없이</u> <u>공유물을 처분</u>하거나 <u>변경</u>하지 못한다.

> **용어** 동의 : 일을 하기 전에 찬성함을 표시하는 단어이다.

> **용어** 공유물의 처분 : 공유물을 처분하는 것을 말한다. (甲과 乙이 절반씩 돈을 내서 차를 팔았다.)

> **용어** 공유물의 변경 : 공유물을 바꾸는 것을 말한다. (甲과 乙이 절반씩 돈을 내서 산 차를 다른 차랑 바꾸었다.)

제265조 (공유물의 관리, 보존) <u>공유물의 관리</u>에 관한 사항은 공유자의 지분의 과반수로써 결정한다. 그러나 <u>보존행위</u>는 각자가 할 수 있다.

> **용어** 공유물의 관리 : 공유물의 성질을 변화하지 않는 범위 내에서 이용·개량행위하는 것을 말한다. (甲과 乙이 절반씩 돈을 내서 산 차를 다른 사람에게 빌려주고 렌트비를 받기로 결정했다.)

> **용어** 공유물의 보존행위 : 공유물을 보호해서 원래의 상태를 유지하는 것을 말한다. (차를 세차하거나 정비하는 것이다.)

제266조 (공유물의 부담) ① 공유자는 그 지분의 비율로 공유물의 관리비용 기타 의무를 부담한다.
② 공유자가 1년 이상 전항의 의무<u>이행</u>을 <u>지체</u>한 때에는 다른 공유자는 상당한 가액으로 지분을 매수할 수 있다.

(용어) 이행 : 채무자가 채무를 소멸시키는 '과정'에 중점을 두어서 표시하는 단어이다. 금전, 물건에 상관없이 일반적으로 사용된다.

(용어) 이행을 지체 : 공유자가 고의·과실로 채무의 이행이 늦어진 것을 말한다. 채무자가 이행이 가능함에도 이행하지 못하는 것을 말한다.

제267조 (지분포기 등의 경우의 귀속) 공유자가 그 지분을 포기하거나 상속인 없이 사망한 때에는 그 지분은 다른 공유자에게 각 지분의 비율로 귀속한다.

(용어) 포기 : 권리나 자격을 쓰지 않기로 하는 것을 표시하는 단어이다.

(용어) 공유자가 그 지분을 지분포기 : 공유자가 자신에게 나누어진 몫을 포기하는 것을 말한다.

제268조 (공유물의 분할청구) ① 공유자는 공유물의 분할을 청구할 수 있다. 그러나 5년내의 기간으로 분할하지 아니할 것을 약정할 수 있다.
② 전항의 계약을 갱신한 때에는 그 기간은 갱신한 날로부터 5년을 넘지 못한다.
③ 전2항의 규정은 제215조, 제239조의 공유물에는 적용하지 아니한다.

(용어) 공유물의 분할 : 공유물을 공유자의 지분에 따라 나누는 것을 말한다.

(용어) 갱신 : 새롭게 다시 하는 것을 말한다.

(용어) 전항의 계약을 갱신 : 분할하지 아니할 계약을 새롭게 다시 하는 것을 말한다.

제269조 (분할의 방법) ① 분할의 방법에 관하여 협의가 성립되지 아니한 때에는 공유자는 법원에 그 분할을 청구할 수 있다.
② 현물로 분할할 수 없거나 분할로 인하여 현저히 그 가액이 감손될 염려가 있는 때에는 법원은 물건의 경매를 명할 수 있다.

(용어) 협의 : 협력해서 의논함을 말한다.

(용어) 가액이 감손될 염려 : 가액이 줄어들어 손해가 발생할 염려가 있는 것을 말한다.

(용어) 법원(法院) : 사법권을 행사하는 국가기관을 말한다. '法院'라고 표시한다.

> **제270조 (분할로 인한 담보책임)** 공유자는 다른 공유자가 분할로 인하여 취득한 물건에 대하여 그 지분의 비율로 매도인과 동일한 담보책임이 있다.

(용어) 담보책임 : 물건으로 발생하는 채무의 책임을 떠맡기로 하는 것을 표시하는 단어이다.

(용어) 분할로 인한 담보책임 : 분할로 인해서 취득한 물건으로부터 발생하는 채무의 책임을 떠맡기로 하는 것을 말한다.

> **제271조 (물건의 합유)** ① 법률의 규정 또는 계약에 의하여 수인이 조합체로서 물건을 소유하는 때에는 합유로 한다. 합유자의 권리는 합유물 전부에 미친다.
> ② 합유에 관하여는 전항의 규정 또는 계약에 의하는 외에 다음 3조의 규정에 의한다.

(용어) 조합 : 여럿이 모여서 하나로 합해지는 것을 말한다.

(용어) 조합체 : 조합의 형체를 말한다.

(용어) 합유 : 공동소유형태 중에서 각자의 몫이 있지만 이를 자유롭게 처분할 수 있는 권리가 없는 재산형태이다. (甲·乙·丙이 같이 운영하고 있는 신발가게의 신발에 대한 소유형태가 이에 속한다.)

(용어) 합유물 : 합유자들이 소유하는 물건을 말한다. (甲·乙·丙이 같이 운영하고 있는 신발가게의 신발이 합유물이다.)

제272조 (합유물의 처분, 변경과 보존) 합유물을 처분 또는 변경함에는 합유자 전원의 동의가 있어야 한다. 그러나 보존행위는 각자가 할 수 있다.

- (용어) 합유물의 처분 : 합유물을 처분하는 것을 말한다. (甲·乙·丙이 같이 운영하고 있는 신발가게를 팔았다.)
- (용어) 합유물의 변경 : 합유물을 바꾸는 것을 말한다. (甲·乙·丙이 같이 운영하고 있는 신발가게를 다른 가게와 바꾸었다.)
- (용어) 합유물의 보존행위 : 합유물을 보호해서 원래의 상태를 유지하는 것을 말한다. (甲·乙·丙이 같이 운영하고 있는 신발가게를 청소하는 것이다.)

제273조 (합유지분의 처분과 합유물의 분할금지) ① 합유자는 전원의 동의없이 합유물에 대한 지분을 처분하지 못한다.
② 합유자는 합유물의 분할을 청구하지 못한다.

- (용어) 합유자의 지분 : 합유자 자신에게 나누어진 몫을 말한다. (甲·乙·丙이 같이 운영하고 있는 신발가게에 대한 甲·乙·丙의 지분은 각각 1/3이다.)
- (용어) 지분의 처분 : 합유자 자신에게 나누어진 몫을 처분하는 것을 말한다. (甲이 신발가게에 대한 자신의 지분 1/3을 丁에게 팔았다.)
- (용어) 합유물의 분할 : 합유물을 합유자의 지분에 따라 나누는 것을 말한다.

제274조 (합유의 종료) ① 합유는 조합체의 해산 또는 합유물의 양도로 인하여 종료한다.
② 전항의 경우에 합유물의 분할에 관하여는 공유물의 분할에 관한 규정을 준용한다.

- (용어) 해산 : 영업의 종료를 말한다.
- (용어) 조합체의 해산 : 조합체의 영업의 종료를 말한다.
- (용어) 합유물의 양도 : 합유물을 상대방에게 넘기는 것을 말한다.

(용어) 전항의 경우에 : 조합체의 해산이나 합유물의 양도의 경우에

> **제275조 (물건의 총유)** ① 법인이 아닌 사단의 사원이 집합체로서 물건을 소유할 때에는 총유로 한다.
> ② 총유에 관하여는 사단의 정관 기타 계약에 의하는 외에 다음 2조의 규정에 의한다.

(용어) 법인이 아닌 사단 : 설립등기를 하지 아니한 사단을 말한다. (교회. 종중. 재건축조합 등을 이에 속한다.)

(용어) 총유 : 공동소유형태 중에서 각자의 몫이 없는 경우를 말한다. (교회의 신도들이 집합체로서 교회건물을 소유하는 형태가 총유이다.)

(용어) 정관 : 어떤 항목을 미리 정해놓고 누구든지 이를 따르도록 하는 것을 말한다. 정관은 누구든지 이를 따라야 하기에 규범의 성질을 가지고, 자체적으로 정한 규범이므로 자치규범이라 말한다.

> **제276조 (총유물의 관리, 처분과 사용, 수익)** ① 총유물의 관리 및 처분은 사원총회의 결의에 의한다.
> ② 각 사원은 정관 기타의 규약에 좇아 총유물을 사용, 수익할 수 있다.

(용어) 총유물 : 법인 아닌 사단의 사원이 집합체로 소유하는 물건을 말한다. (교회의 신도들이 집합체로서 교회건물이 총유물이다.)

(용어) 총유물의 관리 : 총유물의 성질을 변화하지 않는 범위 내에서 이용·개량행위를 하는 것을 말한다. (교회건물을 빌려주고 차임을 받기로 결정했다.)

(용어) 총유물의 처분 : 총유물을 처분하는 것을 말한다. (교회건물을 팔았다.)

(용어) 사원총회 : 사원 전원이 모이는 회의인 말한다. '총회'라고도 한다.

제277조 (총유물에 관한 권리의무의 득상) 총유물에 관한 사원의 권리의무는 사원의 지위를 취득상실함으로써 취득상실된다.

(용어) 득상 : 취득과 상실을 말한다.

제278조 (준공동소유) 본절의 규정은 소유권 이외의 재산권에 준용한다. 그러나 다른 법률에 특별한 규정이 있으면 그에 의한다.

제4장 지상권

제279조 (지상권의 내용) <u>지상권자</u>는 타인의 토지에 건물 기타 공작물이나 수목을 소유하기 위하여 그 토지를 사용하는 권리가 있다.

(용어) 지상권자 : 지상권을 취득한 자를 말한다.

제280조 (존속기간을 약정한 지상권) ① 계약으로 지상권의 <u>존속기간</u>을 정하는 경우에는 그 기간은 다음 <u>연한</u>보다 <u>단축</u>하지 못한다.
1. <u>석조</u>, <u>석회조</u>, <u>연와조</u> 또는 이와 유사한 견고한 건물이나 수목의 소유를 목적으로 하는 때에는 30년
2. <u>전호 이외의 건물</u>의 소유를 목적으로 하는 때에는 15년
3. 건물이외의 공작물의 소유를 목적으로 하는 때에는 5년
② 전항의 기간보다 단축한 기간을 정한 때에는 전항의 기간까지 연장한다.

(용어) 존속기간 : 계속해서 존재하는 기간을 말한다.

(용어) 연한 : 정해진 햇수를 말한다.

(용어) 단축 : 줄이기는 것을 말한다.

(용어) 석조 건물 : 돌로 지은 건물을 말한다.

(용어) 석회조 건물 : 돌과 시멘트로 지은 건물을 말한다.

(용어) 연와조 건물 : 벽돌로 지은 건물을 말한다.

(용어) 전호 이외의 건물 : 석조, 석회조, 연와조 또는 이와 유사한 견고한 재료를 사용하지 아니한 건물을 말한다. (목조건물이나 초가집 등이 있다.)

제281조 (존속기간을 약정하지 아니한 지상권) ① 계약으로 지상권의 존속기간을 정하지 아니한 때에는 그 기간은 전조의 최단존속기간으로 한다.
② 지상권설정당시에 공작물의 종류와 구조를 정하지 아니한 때에는 지상권은 전조 제2호의 건물의 소유를 목적으로 한 것으로 본다.

(용어) 최단존속기간 : 존속기간 중에서 최고로 짧은 기간을 말한다.

(용어) 지상권설정당시 : 당사자간에 지상권설정계약을 체결할 당시를 말한다.

제282조 (지상권의 양도, 임대) 지상권자는 타인에게 그 권리를 양도하거나 그 권리의 존속기간 내에서 그 토지를 임대할 수 있다.

제283조 (지상권자의 갱신청구권, 매수청구권) ① 지상권이 소멸한 경우에 건물 기타 공작물이나 수목이 현존한 때에는 지상권자는 계약의 갱신을 청구할 수 있다.
② 지상권설정자가 계약의 갱신을 원하지 아니하는 때에는 지상권자는 상당한 가액으로 전항의 공작물이나 수목의 매수를 청구할 수 있다.

(용어) 갱신청구권 : 지상권자가 지상권계약을 새롭게 다시 해달라고 청구하는 것을 말한다.

(용어) 지상권설정자 : 지상권을 설정해 준 자를 말한다.

제284조 (갱신과 존속기간) 당사자가 계약을 갱신하는 경우에는 지상권의 존속기간은 갱신한 날로부터 제280조의 최단존속기간보다 단축하지 못한다. 그러나 당사자는 이보다 장기의 기간을 정할 수 있다.

(용어) 장기 : 긴 기간을 말한다.

제285조 (수거의무, 매수청구권) ① 지상권이 소멸한 때에는 지상권자는 건물 기타 공작물이나 수목을 수거하여 토지를 원상에 회복하여야 한다.
② 전항의 경우에 지상권설정자가 상당한 가액을 제공하여 그 공작물이나 수목의 매수를 청구한 때에는 지상권자는 정당한 이유없이 이를 거절하지 못한다.

(용어) 수거 : 걷어가는 것을 말한다.

(용어) 거절 : '상대방 있는 단독행위'에서 의사표시를 하지 않은 상대방이 의사표시 한 자의 의사를 받아들이지 않고 끊어버리는 것을 표시하는 단어이다.

제286조 (지료증감청구권) 지료가 토지에 관한 조세 기타 부담의 증감이나 지가의 변동으로 인하여 상당하지 아니하게 된 때에는 당사자는 그 증감을 청구할 수 있다.

(용어) 지료 : 토지 사용료를 말한다.

(용어) 증감 : 증가와 감소를 말한다.

(용어) 지가 : 토지 가격을 말한다.

제287조 (지상권소멸청구권) 지상권자가 2년 이상의 지료를 지급하지 아니한 때에는 지상권설정자는 지상권의 소멸을 청구할 수 있다.

(용어) 소멸을 청구 : '권리'나 '원인'이 없어졌다고 청구권을 행사하는 것을 말한다.

제288조 (지상권소멸청구와 저당권자에 대한 통지) 지상권이 저당권의 목적인 때 또는 그 토지에 있는 건물, 수목이 저당권의 목적이 된 때에는 전조의 청구는 저당권자에게 통지한 후 상당한 기간이 경과함으로써 그 효력이 생긴다.

(용어) 통지 : 어떤 사실을 개별적으로 알리는 것을 표시하는 단어이다.

(용어) 저당권 : 채권의 담보를 위해 등기를 통해 부동산과 권리에 설정하는 물권을 말한다.

> **제289조 (강행규정)** 제280조 내지 제287조의 규정에 위반되는 계약으로 지상권자에게 불리한 것은 그 효력이 없다.

(용어) 강행규정 : 법령 중의 선량한 풍속 기타 사회질서에 관계있는 규정으로, 당사자의 의사에 의하여 적용이 배제되지 않는 규정을 말한다.

(용어) 편면적 강행규정 : 한쪽 면은 강행규정의 성격을 지니지만, 다른 한쪽 면은 임의규정의 성격을 지는 규정을 말한다. (지상권자에게 불리한 것은 효력이 없다는 규정은 지상권설정자에게 불리한 것은 효력이 있다는 의미로 편면적 강행규정이다.)

> **제289조의2 (구분지상권)** ① 지하 또는 지상의 공간은 상하의 범위를 정하여 건물 기타 공작물을 소유하기 위한 지상권의 목적으로 할 수 있다. 이 경우 설정행위로써 지상권의 행사를 위하여 토지의 사용을 제한할 수 있다.
> ② 제1항의 규정에 의한 구분지상권은 제3자가 토지를 사용·수익할 권리를 가진 때에도 그 권리자 및 그 권리를 목적으로 하는 권리를 가진 자 전원의 승낙이 있으면 이를 설정할 수 있다. 이 경우 토지를 사용·수익할 권리를 가진 제3자는 그 지상권의 행사를 방해하여서는 아니된다.

(용어) 구분지상권 : 지하 또는 지상의 공간을 구분해서 지상권을 설정한 것을 말한다.

> **제290조 (준용규정)** ① 제213조, 제214조, 제216조 내지 제244조의 규정은 지상권자간 또는 지상권자와 인지소유자간에 이를 준용한다.
> ② 제280조 내지 제289조 및 제1항의 규정은 제289조의2의 규정에 의한 구분지상권에 관하여 이를 준용한다.

제5장 지역권

> 제291조 (지역권의 내용) 지역권자는 일정한 목적을 위하여 타인의 토지를 자기토지의 편익에 이용하는 권리가 있다.

- (용어) 지역권 : 타인 토지의 구역을 이용할 수 있는 권리를 말한다.
- (용어) 지역권자 : 지역권을 취득한 자를 말한다.
- (용어) 편익 : 편리하고 유익한 것을 말한다.
- (용어) 자기토지의 편익에 이용 : 자기 토지를 편리하고 유익하게 이용하기 위한 것을 말한다.

> 제292조 (부종성) ① 지역권은 요역지 소유권에 부종하여 이전하며 또는 요역지에 대한 소유권이외의 권리의 목적이 된다. 그러나 다른 약정이 있는 때에는 그 약정에 의한다.
> ② 지역권은 요역지와 분리하여 양도하거나 다른 권리의 목적으로 하지 못한다.

- (용어) 부종 : 종속적으로 붙어있는 것을 말한다.
- (용어) 부종성 : 요역지 소유권에 지역권이 종속적으로 붙어 있는 것을 말한다. 따라서 요역지의 소유권이 소멸하게 되면 지역권도 소멸하고, 요역지가 이전되면 지역권도 이전한다.

> **논점 정리** **부종성의 의미**
> ◆ 부종성에 수반성이 포함되어 있지 않다고 주장하는 견해 : 부종성은 권리가 '소멸'할 때 사용하는 개념이고, 권리가 '이전'할 때에는 부종성 대신에 수반성이라는 단어를 사용해야 한다는 견해이다.
> ◆ 부종성에 수반성이 포함되어 있다고 주장하는 견해 : 부종성은 권리가 '소멸'할 때와 '이전'할 때 모두 사용하는 개념이라고 주장하는 견해이다. 민법 규정에 착실한 해석을 기반으로 한다.

(용어) 요역지 : 지역권이 필요한 토지를 말한다.

(용어) 요역지 소유권 : 지역권이 필요한 토지의 소유권을 말한다.

(용어) 이전1 : 권리가 상대방에게 넘어가는 현상을 표시하는 단어이다.

(용어) 요역지에 대한 소유권 이외의 권리 : 요역지에 있는 지상권·전세권을 말한다.

> **제293조 (공유관계, 일부양도와 불가분성)** ① 토지공유자의 1인은 지분에 관하여 그 토지를 위한 지역권 또는 그 토지가 부담한 지역권을 소멸하게 하지 못한다.
> ② 토지의 분할이나 토지의 일부양도의 경우에는 지역권은 요역지의 각 부분을 위하여 또는 그 승역지의 각 부분에 존속한다. 그러나 지역권이 토지의 일부분에만 관한 것인 때에는 다른 부분에 대하여는 그러하지 아니하다.

(용어) 그 토지를 위한 지역권 : 요역지인 공유토지를 위한 지역권을 말한다.

(용어) 그 토지가 부담한 지역권 : 승역지인 공유토지가 부담한 지역권을 말한다.

(용어) 지역권은 요역지의 각 부분을 위하여 존속한다 : 요역지가 분할이나 일부양도가 된 경우에 분할이나 양도된 부분을 위해서도 지역권은 존속하는 것을 말한다.

(용어) 지역권은 그 승역지의 각 부분에 존속한다 : 승역지가 분할이나 일부양도가 된 경우에 지역권은 각 분할되거나 양도된 부분에 계속 인정되는 것을 말한다.

(용어) 승역지 : 지역권을 승낙한 토지를 말한다.

제294조 (지역권취득기간) 지역권은 계속되고 표현된 것에 한하여 제245조의 규정을 준용한다.

(용어) 계속 : 계속 사용되었던 것을 말한다.

(용어) 표현 : 외부로 나타낸 것을 말한다. 즉 통로를 개설한 경우를 말한다.

(용어) 취득기간 : 일정기간 행사를 하면 권리가 취득되는 것을 말한다. '취득시효'라고도 한다.

제295조 (취득과 불가분성) ① 공유자의 1인이 지역권을 취득한 때에는 다른 공유자도 이를 취득한다.
② 점유로 인한 지역권취득기간의 중단은 지역권을 행사하는 모든 공유자에 대한 사유가 아니면 그 효력이 없다.

(용어) 불가분성 : 나눌 수 없는 성질을 말한다.

(용어) 취득기간의 중단 : 일정기간 행사를 하다가 중간에 끊어져 단절되는 것을 말한다.

제296조 (소멸시효의 중단, 정지와 불가분성) 요역지가 수인의 공유인 경우에 그 1인에 의한 지역권소멸시효의 중단 또는 정지는 다른 공유자를 위하여 효력이 있다.

(용어) 정지 : 중간에 하던 일이 멈춰지는 것을 표시하는 단어이다. 잠시 멈추었다가 나머지 기간이 진행된다.

(용어) 소멸시효의 정지 : 소멸시효 중간에 진행이 멈추었다가 일정한 사유발생 이후에 나머지 기간을 진행하게 되는 것을 말한다. '시효정지'라고도 한다.

제297조(용수지역권) ① 용수승역지의 수량이 요역지 및 승역지의 수요에 부족한 때에는 그 수요정도에 의하여 먼저 가용에 공급하고 다른 용도에 공급하여야 한다. 그러나 설정행위에 다른 약정이 있는 때에는 그 약정에 의한다.
② 승역지에 수개의 용수지역권이 설정된 때에는 후순위의 지역권자는 선순위의 지역권자의 용수를 방해하지 못한다.

(용어) 용수승역지 : 물을 사용하는 것에 대해서 승낙한 토지를 말한다.

(용어) 수량 : 물의 양을 말한다.

(용어) 용수지역권 : 타인 토지의 구역의 물을 사용할 수 있는 권리를 말한다.

(용어) 후순위의 지역권자 : 지역권자의 순위가 뒤로 밀리는 자를 말한다.

제298조(승역지소유자의 의무와 승계) 계약에 의하여 승역지소유자가 자기의 비용으로 지역권의 행사를 위하여 공작물의 설치 또는 수선의 의무를 부담한 때에는 승역지소유자의 특별승계인도 그 의무를 부담한다.

제299조(위기에 의한 부담면제) 승역지의 소유자는 지역권에 필요한 부분의 토지소유권을 지역권자에게 위기하여 전조의 부담을 면할 수 있다.

(용어) 위기 : 버려 버리는 것을 말한다.

(용어) 승역지의 소유자는 토지소유권을 지역권자에게 위기 : 승역지 소유자가 자신의 토지소유권을 지역권자에게 버려 버리는 것을 말한다.

(용어) 전조의 부담을 면할 수 있다 : 공작물의 설치 또는 수선의무의 부담을 면할 수 있다.

제300조 (공작물의 공동사용) ① 승역지의 소유자는 지역권의 행사를 방해하지 아니하는 범위내에서 지역권자가 지역권의 행사를 위하여 승역지에 설치한 공작물을 사용할 수 있다.
② 전항의 경우에 승역지의 소유자는 수익정도의 비율로 공작물의 설치, 보존의 비용을 분담하여야 한다.

제301조 (준용규정) 제214조의 규정은 지역권에 준용한다.

제302조 (특수지역권) 어느 지역의 주민이 집합체의 관계로 각자가 타인의 토지에서 초목, 야생물 및 토사의 채취, 방목 기타의 수익을 하는 권리가 있는 경우에는 관습에 의하는 외에 본장의 규정을 준용한다.

(용어) 초목 : 풀과 나무를 말한다.

(용어) 야생물 : 야생에서 나는 물건을 말한다.

(용어) 토사 : 흙과 모래를 말한다.

(용어) 방목 : 가축을 놓아 기르는 것을 말한다.

제6장 전세권

> 제303조 (전세권의 내용) ① 전세권자는 전세금을 지급하고 타인의 부동산을 점유하여 그 부동산의 용도에 좇아 사용·수익하며, 그 부동산 전부에 대하여 후순위권리자 기타 채권자보다 전세금의 우선변제를 받을 권리가 있다.
> ② 농경지는 전세권의 목적으로 하지 못한다.

(용어) 전세권자 : 전세권을 취득한 자를 말한다.

(용어) 전세금 : 전세권을 설정함에 지급되는 돈을 말한다.

(용어) 후순위권리자 : 권리자의 순위가 뒤로 밀리는 자를 말한다.

(용어) 변제 : 채무자나 제3자가 채무를 소멸시킨 '결과'에 중점을 두어서 표시하는 단어이다.

(용어) 우선변제 : 채무자나 제3자가 채무를 소멸시키되 특정 채권자에게 우선적으로 변제해야 하는 것을 말한다.

(용어) 우선변제를 받을 권리 : 다른 채권자보다 우선적으로 채무자나 제3자의 채무의 변제를 받을 수 있는 권리를 말한다.

(용어) 농경지 : 농사를 경적하는 땅을 말한다.

> 제304조 (건물의 전세권, 지상권, 임차권에 대한 효력) ① 타인의 토지에 있는 건물에 전세권을 설정한 때에는 전세권의 효력은 그 건물의 소유를 목적으로 한 지상권 또는 임차권에 미친다.
> ② 전항의 경우에 전세권설정자는 전세권자의 동의없이 지상권 또는 임차권을 소멸하게 하는 행위를 하지 못한다.

(용어) 임차권 : 임대차 계약에 따라 유상으로 사용할 수 있는 권리를 말한다.

(용어) 전세권설정자 : 전세권을 설정해 준 자를 말한다.

제305조 (건물의 전세권과 법정지상권) ① 대지와 건물이 동일한 소유자에 속한 경우에 건물에 전세권을 설정한 때에는 그 대지소유권의 특별승계인은 전세권설정자에 대하여 지상권을 설정한 것으로 본다. 그러나 지료는 당사자의 청구에 의하여 법원이 이를 정한다.
② 전항의 경우에 대지소유자는 타인에게 그 대지를 임대하거나 이를 목적으로 한 지상권 또는 전세권을 설정하지 못한다.

(용어) 법정지상권 : 법률의 규정에 의해 인정되는 지상권을 말한다.

(용어) 법원(法院) : 사법권을 행사하는 국가기관을 말한다. '法院'라고 표시한다.

제306조 (전세권의 양도, 임대 등) 전세권자는 전세권을 타인에게 양도 또는 담보로 제공할 수 있고 그 존속기간 내에서 그 목적물을 타인에게 전전세 또는 임대할 수 있다. 그러나 설정행위로 이를 금지한 때에는 그러하지 아니하다.

(용어) 담보로 제공 : 담보물이나 담보물권을 바치는 것을 표시하는 단어이다.

(용어) 전전세 : 다시 전세를 놓는 것을 말한다.

제307조 (전세권 양도의 효력) 전세권양수인은 전세권설정자에 대하여 전세권양도인과 동일한 권리의무가 있다.

(용어) 전세권 양도 : 전세권 자체를 상대방에게 넘기는 것을 말한다. 종전의 전세권자는 전세권을 양도하는 순간부터 전세권을 상실한다.

(용어) 전세권양수인 : 전세권을 넘겨받은 자를 말한다.

제308조 (전전세 등의 경우의 책임) 전세권의 목적물을 전전세 또는 임대한 경우에는 전세권자는 전전세 또는 임대하지 아니하였으면 면할 수 있는 <u>불가항력</u>으로 인한 손해에 대하여 그 책임을 부담한다.

(용어) 불가항력 : 인간의 힘으로는 저항할 수 없는 천재지변 등을 말한다.

제309조 (전세권자의 유지, 수선의무) 전세권자는 목적물의 <u>현상을 유지</u>하고 그 통상의 관리에 속한 수선을 하여야 한다.

(용어) 현상 : 현재상태를 말한다.
(용어) 현상을 유지 : 현재상태를 유지하는 것을 말한다.

제310조 (전세권자의 상환청구권) ① 전세권자가 목적물을 개량하기 위하여 지출한 금액 기타 유익비에 관하여는 그 가액의 증가가 현존한 경우에 한하여 <u>소유자의 선택</u>에 좇아 그 지출액이나 증가액의 상환을 청구할 수 있다.
② 전항의 경우에 <u>법원</u>은 소유자의 청구에 의하여 상당한 상환기간을 허여할 수 있다.

(용어) 소유자의 선택 : 선택권이 소유자에게 있음을 말한다. 지출액이나 증가액에 대한 채무는 소유자가 부담함으로 선택권을 채무자인 소유자에게 부여하고 있다.
(용어) 법원(法院) : 사법권을 행사하는 국가기관을 말한다. '法院'라고 표시한다.

제311조 (전세권의 소멸청구) ① 전세권자가 전세권설정계약 또는 그 목적물의 성질에 의하여 정하여진 <u>용법</u>으로 이를 사용, 수익하지 아니한 경우에는 전세권설정자는 전세권의 소멸을 청구할 수 있다.
② 전항의 경우에는 전세권설정자는 전세권자에 대하여 원상회복 또는 손해배상을 청구할 수 있다.

> 제312조 (전세권의 존속기간) ① 전세권의 존속기간은 10년을 넘지 못한다. 당사자의 약정기간이 10년을 넘는 때에는 이를 10년으로 단축한다.
> ② 건물에 대한 전세권의 존속기간을 1년 미만으로 정한 때에는 이를 1년으로 한다.
> ③ 전세권의 설정은 이를 갱신할 수 있다. 그 기간은 갱신한 날로부터 10년을 넘지 못한다.
> ④ 건물의 전세권설정자가 전세권의 존속기간 만료 전 6월부터 1월까지 사이에 전세권자에 대하여 <u>갱신거절</u>의 통지 또는 <u>조건</u>을 변경하지 아니하면 갱신하지 아니한다는 뜻의 통지를 하지 아니한 경우에는 그 기간이 만료된 때에 <u>전전세권과 동일한 조건</u>으로 다시 전세권을 설정한 것으로 본다. 이 경우 <u>전세권의 존속기간은 그 정함이 없는 것으로 본다.</u>

(용어) 갱신거절 : 새롭게 다시 하는 것을 거절하는 것을 말한다.

(용어) 조건1 : 어떤 사물이 성립되기 위하여 갖추어야 하는 요소를 표시하는 단어이다.

(용어) 전전세권 : 앞선 전세권계약을 말한다.

(용어) 전전세권과 동일한 조건 : 앞선 전세권계약에서 발생했던 전세금도 동일하게 유지된다.

(용어) 전세권의 존속기간은 정함이 없는 것으로 본다 : 전세권 존속기간 만큼은 앞선 전세권과 동일하게 보지 않고 존속기간의 정함이 없는 전세권이 된다. 따라서 당사자는 언제든지 전세권 소멸통고를 할 수 있다.

> 제312조의2 (전세금 증감청구권) 전세금이 목적 부동산에 관한 조세·공과금 기타 부담의 증감이나 경제사정의 변동으로 인하여 상당하지 아니하게 된 때에는 당사자는 장래에 대하여 그 증감을 청구할 수 있다. 그러나 증액의 경우에는 대통령령이 정하는 기준에 따른 비율을 초과하지 못한다.

제313조 (전세권의 소멸통고) 전세권의 존속기간을 약정하지 아니한 때에는 각 당사자는 언제든지 상대방에 대하여 전세권의 소멸을 통고할 수 있고 상대방이 이 통고를 받은 날로부터 6월이 경과하면 전세권은 소멸한다.

(용어) 각 당사자 : 계약을 체결한 양쪽 중에서 한쪽만을 표시하는 단어이다. '당사자 일방'이라고도 한다.

(용어) 상대방 : 계약을 체결한 양쪽 중 한 쪽이 다른 한쪽을 부를 때 표시하는 단어이다.

(용어) 통고 : 무엇인가 일어나길 바라면서 어떤 사실을 개별적으로 알리는 것을 표시하는 단어이다. 즉 무엇인가 일어나길 바라면서 통지하는 것을 말한다.

(용어) 소멸을 통고 : 일정기간이 지나면 소멸의 효력이 생기길 바라면서 통지하는 것을 말한다.

제314조 (불가항력으로 인한 멸실) ① 전세권의 목적물의 전부 또는 일부가 불가항력으로 인하여 멸실된 때에는 그 멸실된 부분의 전세권은 소멸한다.
② 전항의 일부멸실의 경우에 전세권자가 그 잔존부분으로 전세권의 목적을 달성할 수 없는 때에는 전세권설정자에 대하여 전세권전부의 소멸을 통고하고 전세금의 반환을 청구할 수 있다.

제315조 (전세권자의 손해배상책임) ① 전세권의 목적물의 전부 또는 일부가 전세권자에 책임있는 사유로 인하여 멸실된 때에는 전세권자는 손해를 배상할 책임이 있다.
② 전항의 경우에 전세권설정자는 전세권이 소멸된 후 전세금으로써 손해의 배상에 충당하고 잉여가 있으면 반환하여야 하며 부족이 있으면 다시 청구할 수 있다.

(용어) 충당 : 모자라는 것을 채워 넣는 것을 말한다.

(용어) 잉여 : 다 쓰고 난 나머지를 말한다.

제316조 (원상회복의무, 매수청구권) ① 전세권이 그 존속기간의 만료로 인하여 소멸한 때에는 전세권자는 그 목적물을 원상에 회복하여야 하며 그 목적물에 부속시킨 물건은 수거할 수 있다. 그러나 전세권설정자가 그 부속물건의 매수를 청구한 때에는 전세권자는 정당한 이유없이 거절하지 못한다.
② 전항의 경우에 그 부속물건이 전세권설정자의 동의를 얻어 부속시킨 것인 때에는 전세권자는 전세권설정자에 대하여 그 부속물건의 매수를 청구할 수 있다. 그 부속물건이 전세권설정자로부터 매수한 것인 때에도 같다.

제317조 (전세권의 소멸과 <u>동시이행</u>) 전세권이 소멸한 때에는 전세권설정자는 전세권자로부터 그 목적물의 인도 및 전세권설정등기의 말소등기에 필요한 서류의 <u>교부</u>를 받는 동시에 전세금을 반환하여야 한다.

(용어) 동시이행 : 대가관계에 있는 쌍방 채무자가 서로의 채무를 동시에 이행해야 한다는 것을 말한다.

(용어) 교부 : 증서가 상대방에게 넘어가는 현상을 표시하는 단어이다.

제318조 (전세권자의 경매청구권) 전세권설정자가 전세금의 반환을 지체한 때에는 전세권자는 민사집행법의 정한 바에 의하여 전세권의 목적물의 경매를 청구할 수 있다.

제319조 (준용규정) 제213조, 제214조, 제216조 내지 제244조의 규정은 전세권자간 또는 전세권자와 인지소유자 및 지상권자간에 이를 준용한다.

제7장 유치권

> 제320조(유치권의 내용) ① 타인의 물건 또는 <u>유가증권</u>을 점유한 자는 <u>그 물건이나 유가증권에 관하여 생긴 채권</u>이 <u>변제기</u>에 있는 경우에는 변제를 받을 때까지 그 <u>물건 또는 유가증권을 유치할 권리</u>가 있다.
> ② 전항의 규정은 그 점유가 불법행위로 인한 경우에 적용하지 아니한다.

(용어) 유가증권 : 재산적 가치를 매길 수 있는 증권을 말한다. (극장표, 영화표, 기차표, 승차표 등이 이에 속한다.)

(용어) 그 물건이나 유가증권에 관하여 생긴 채권 : 물건이나 유가증권에 비용을 들여서 발생한 채권 또는 물건이나 유가증권으로부터 발생한 손해배상 등의 채권을 말한다. 따라서 유치권을 행사할 수 있는 채권은 비용상환청구권과 물건으로 발생한 손해배상청구권이다.

(용어) 변제기 : 채무를 변제하기로 정한 기한을 표시하는 단어이다.

(용어) 유치 : 돌려주지 않는 것을 말한다.

(용어) 물건 또는 유가증권을 유치할 권리 : 물건이나 유가증권을 돌려주지 않을 권리를 말한다.

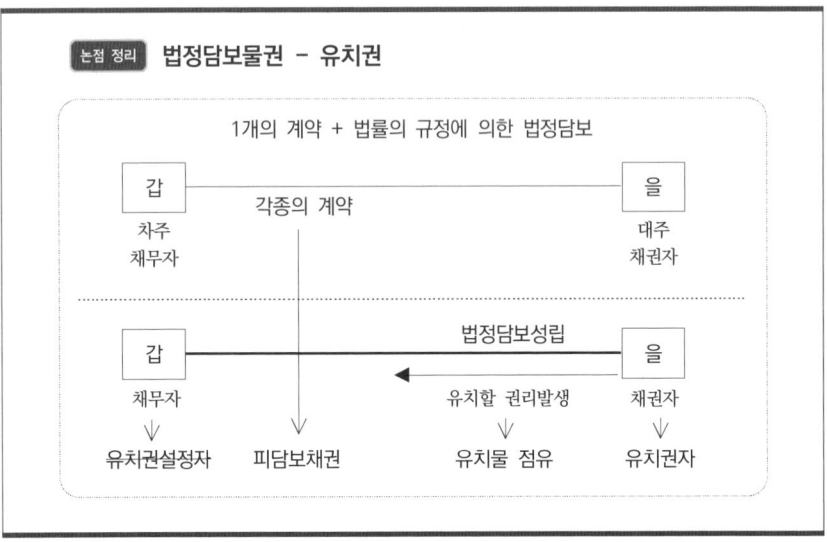

> **제321조 (유치권의 불가분성)** <u>유치권자</u>는 채권전부의 변제를 받을 때까지 <u>유치물</u> 전부에 대하여 그 권리를 행사할 수 있다.

(용어) 유치권자 : 유치권을 행사하는 자를 말한다.

(용어) 유치물 : 유치권을 행사하여 돌려주지 않는 물건을 말한다.

> **제322조 (경매, <u>간이변제충당</u>)** ① 유치권자는 채권의 변제를 받기 위하여 유치물을 경매할 수 있다.
> ② 정당한 이유 있는 때에는 유치권자는 <u>감정인</u>의 평가에 의하여 유치물로 직접 변제에 <u>충당</u>할 것을 <u>법원</u>에 청구할 수 있다. 이 경우에는 유치권자는 미리 채무자에게 통지하여야 한다.

(용어) 충당 : 모자라는 것을 채워 넣는 것을 말한다.

(용어) 간이변제충당 : 간단하고 쉬운 방법으로 채무에 대하여 채워 넣는 것을 말한다.

(용어) 감정인 : 국가가 인정한 감정평가사를 말한다.

(용어) 법원(法院) : 사법권을 행사하는 국가기관을 말한다. '法院'라고 표시한다.

> **제323조 (과실수취권)** ① 유치권자는 <u>유치물의 과실</u>을 수취하여 다른 채권보다 먼저 그 채권의 변제에 충당할 수 있다. 그러나 과실이 금전이 아닌 때에는 경매하여야 한다.
> ② 과실은 먼저 채권의 이자에 충당하고 그 잉여가 있으면 <u>원본</u>에 충당한다.

(용어) 과실2 : 원물로부터 생기는 수익물을 말한다. '果實'라고 표시한다.

(용어) 유치물의 과실 : 유치물로부터 발생한 과실을 말한다. (유치권자가 유치물인 자동차를 빌려주고 받은 렌트비가 이에 속한다.)

(용어) 원본 : 본래의 채무원금을 말한다.

> **제324조 (유치권자의 선관의무)** ① 유치권자는 <u>선량한 관리자의 주의</u>로 유치물을 점유하여야 한다.
> ② 유치권자는 채무자의 승낙없이 유치물의 사용, <u>대여</u> 또는 담보제공을 하지 못한다. 그러나 유치물의 보존에 필요한 사용은 그러하지 아니하다.
> ③ 유치권자가 전2항의 규정에 위반한 때에는 채무자는 유치권의 소멸을 청구할 수 있다.

(용어) 선량한 관리자의 주의 : 일반적 평균인에게 요구되는 정도의 주의를 말한다. 우리 민법은 선량한 관리자의 주의를 원칙으로 하고 있다. '선관의무'라고도 한다.

(용어) 대여 : 빌려주는 것을 말한다.

> **제325조(유치권자의 상환청구권)** ① 유치권자가 유치물에 관하여 필요비를 지출한 때에는 소유자에게 그 상환을 청구할 수 있다.
> ② 유치권자가 유치물에 관하여 유익비를 지출한 때에는 그 가액의 증가가 현존한 경우에 한하여 <u>소유자의 선택</u>에 좇아 그 지출한 금액이나 증가액의 상환을 청구할 수 있다. 그러나 <u>법원</u>은 소유자의 청구에 의하여 상당한 상환기간을 허여할 수 있다.

(용어) 소유자의 선택 : 선택권이 소유자에게 있음을 말한다. 지출액이나 증가액에 대한 채무는 소유자가 부담함으로 선택권을 채무자인 소유자에게 부여하고 있다.

(용어) 법원(法院) : 사법권을 행사하는 국가기관을 말한다. '法院'라고 표시한다.

> **제326조(피담보채권의 소멸시효)** <u>유치권의 행사는 채권의 소멸시효의 진행에 영향을 미치지 아니한다.</u>

(용어) 피담보채권 : 담보가 있기 위해 전제가 되는 채권을 표시하는 단어이다. '담보한 채권·담보된 채권'이라고도 한다.

(용어) 소멸시효 진행 : 권리를 행사하지 않아 권리의 소멸이 진행되기 시작함을 말한다.

(용어) 유치권의 행사는 채권의 소멸시효의 진행에 영향을 미치지 아니한다 : 유치물을 유치하고 있는 물권을 행사한다고 하더라도 채권의 소멸시효는 진행되어 가는 것을 말한다.

> **논점 정리** **무담보채권**
>
> ◆ 소비대차 : 甲은 乙로부터 3억원을 빌렸다. 甲은 채무자, 乙은 채권자이다.
> ◆ 무담보채권 : 甲은 乙에게 담보를 제공하지 않았다. 즉 물권이 성립하지 않았다. 담보라는 입장에서 甲이 乙로부터 빌린 3억원의 채권은 담보 없는 채권, 즉 무담보채권이 된다.
>
> **논점 정리** **피담보채권**
>
> ◆ 소비대차 : 甲은 乙로부터 3억원을 빌렸다. 甲은 채무자, 乙은 채권자이다.
> ◆ 피담보채권 : 甲은 乙에게 담보를 제공하였다. 즉 물권이 성립하였다. 담보라는 입장에서 甲이 乙로부터 빌린 3억원의 채권은 담보가 있기 위해 전제가 되는 채권, 즉 피담보채권이 된다.

> 제327조 (타담보제공과 유치권소멸) 채무자는 상당한 담보를 제공하고 유치권의 소멸을 청구할 수 있다.

> 제328조 (점유상실과 유치권소멸) 유치권은 점유의 상실로 인하여 소멸한다.

제8장 질권

제1절 동산질권

> **제329조 (동산질권의 내용)** 동산질권자는 채권의 담보로 채무자 또는 제3자가 제공한 동산을 점유하고 그 동산에 대하여 다른 채권자보다 자기채권의 우선변제를 받을 권리가 있다.

- (용어) 질권 : 채권의 담보를 위해 점유를 통해 동산과 권리에 설정하는 물권을 말한다.
- (용어) 동산질권 : 채권의 담보를 위해 점유를 통해 동산에 설정하는 물권을 말한다.
- (용어) 동산질권자 : 동산을 질권으로 취득한 자를 말한다.
- (용어) 담보로 제3자가 제공한 : 물상보증인이 제공한 담보를 표시하는 단어이다.

> **제330조 (설정계약의 요물성)** 질권의 설정은 질권자에게 목적물을 인도함으로써 그 효력이 생긴다.

- (용어) 질권자 : 질권을 행사하는 자를 말한다.
- (용어) 요물성 : 물건이나 금전이 필요함을 말한다.
- (용어) 설정계약의 요물성 : 질권설정 계약을 체결할 때 반드시 물건이나 금전이 필요함을 말한다. 따라서 질권자에게 목적물을 인도하여야 한다.

> **제331조 (질권의 목적물)** 질권은 양도할 수 없는 물건을 목적으로 하지 못한다.

- (용어) 질권의 목적물 : 질권이 설정된 물건을 말한다. '질물'이라고도 한다.

제332조 (설정자에 의한 대리점유의 금지) 질권자는 <u>설정자로 하여금 질물의 점유를 하게 하지 못한다.</u>

- (용어) 대리 : 법률행위 즉 의사표시를 대신하는 것을 말한다.
- (용어) 대리점유 : 점유의 의사표시를 대신하는 것을 말한다.
- (용어) 설정자 : 질권을 설정해 준 자를 말한다. '질권설정자'라고도 한다.
- (용어) 질물 : 질권이 설정된 물건을 말한다. '질권의 목적물'이라고도 한다.
- (용어) 설정자로 하여금 질물의 점유를 하게 하지 못한다 : 질권설정자는 질물을 넘겨주어야 할 의무가 있는 채무자인데, 이러한 질권설정자가 점유를 계속하는 것을 점유개정이라 말한다. 따라서 질권에서는 점유개정을 인정하지 않고 있다.

제333조 (동산질권의 순위) 수개의 채권을 담보하기 위하여 동일한 동산에 수개의 질권을 설정한 때에는 그 순위는 설정의 선후에 의한다.

제334조 (피담보채권의 범위) 질권은 원본, 이자, <u>위약금</u>, 질권실행의 비용, 질물보존의 비용 및 <u>채무불이행</u> 또는 <u>질물의 하자</u>로 인한 손해배상의 채권을 담보한다. 그러나 다른 약정이 있는 때에는 그 약정에 의한다.

- (용어) 위약금 : 약속을 위반한 경우에 주기로 한 금액을 말한다.
- (용어) 질권실행의 비용 : 질권자는 채권의 우선변제를 받기 위하여 질물을 경매할 수 있는데 이때 들어가는 비용을 말한다.
- (용어) 채무불이행 : 채무자가 고의나 과실로 채무를 제대로 이행하지 않는 경우를 말한다.
- (용어) 하자 : 있어야 할 상태나 성질이 결여된 것을 말한다.
- (용어) 질물의 하자 : 질물이 있어야 할 상태나 성질이 결여된 것을 말한다.

제335조 (유치적효력) 질권자는 전조의 채권의 변제를 받을 때까지 질물을 유치할 수 있다. 그러나 자기보다 우선권이 있는 채권자에게 대항하지 못한다.

(용어) 대항 : 어디에 대하여 주장하는 것을 표시하는 단어이다.

(용어) 대항하지 못한다 : 주장하지 못하는 것을 말한다.

(용어) 자기보다 우선권이 있는 채권자에게 대항하지 못한다 : 자기보다 우선변제권이 있는 채권자에게 질권자로 우선변제권이 있음을 주장하지 못하는 것을 말한다.

제336조 (전질권) 질권자는 그 권리의 범위내에서 자기의 책임으로 질물을 전질할 수 있다. 이 경우에는 전질을 하지 아니하였으면 면할 수 있는 불가항력으로 인한 손해에 대하여도 책임을 부담한다.

(용어) 전질 : 질권자가 다시 질권을 설정하는 것을 말한다.

(용어) 전질권 : 질권자가 다시 질권을 설정할 수 있는 권리를 말한다.

(용어) 자기의 책임으로 질물을 전질 : 질권자의 책임 하에 질물을 전질하는 것을 말한다. '책임전질'이라고도 한다.

제337조 (전질의 대항요건) ① 전조의 경우에 질권자가 채무자에게 전질의 사실을 통지하거나 채무자가 이를 승낙함이 아니면 전질로써 채무자, 보증인, 질권설정자 및 그 승계인에게 대항하지 못한다.
② 채무자가 전항의 통지를 받거나 승낙을 한 때에는 전질권자의 동의없이 질권자에게 채무를 변제하여도 이로써 전질권자에게 대항하지 못한다.

(용어) 대항요건 : 어디에 대하여 주장할 수 있는 요건을 말한다.

(용어) 전질의 대항요건 : 질권자가 책임 전질을 했다는 사실을 채무자나 제3자에게 주장하기 위해서 질권자가 채무자에게 통지하거나 채무자가 승낙을 하는 요건이 필요하다.

(용어) 전조의 경우 : 책임전질의 경우를 말한다.

(용어) 보증인 : 타인의 채무를 떠맡은 사람을 '보증인'이라 한다.

> **제338조 (경매, 간이변제충당)** ① 질권자는 채권의 변제를 받기 위하여 질물을 경매할 수 있다.
> ② 정당한 이유있는 때에는 질권자는 감정인의 평가에 의하여 질물로 직접 변제에 충당할 것을 <u>법원</u>에 청구할 수 있다. 이 경우에는 질권자는 미리 채무자 및 질권설정자에게 통지하여야 한다.

(용어) 법원(法院) : 사법권을 행사하는 국가기관을 말한다. '法院'라고 표시한다.

> **제339조 (<u>유질계약의 금지</u>)** 질권설정자는 <u>채무변제기전</u>의 계약으로 질권자에게 변제에 <u>갈음</u>하여 질물의 소유권을 취득하게 하거나 법률에 정한 방법에 의하지 아니하고 질물을 처분할 것을 약정하지 못한다.

(용어) 유질 : 질권자가 가지고 있는 질물이 나중에는 질권자에 흘러들어가는 즉 질권자가 권리를 취득하게 되는 것을 말한다.

(용어) 유질계약 : 질권 계약을 체결할 때 변제를 하지 못하면 질권자가 질물의 소유권을 취득하는 것을 약정하는 계약을 말한다.

(용어) 채무변제기전 : 채무를 변제하기로 정한 기한 전을 말한다. '변제기전'이라고도 한다.

(용어) 갈음 : 다른 것으로 대신함을 말한다.

제340조 (질물 이외의 재산으로부터의 변제) ① 질권자는 질물에 의하여 변제를 받지 못한 부분의 채권에 한하여 채무자의 다른 재산으로부터 변제를 받을 수 있다.
② 전항의 규정은 질물보다 먼저 다른 재산에 관한 배당을 실시하는 경우에는 적용하지 아니한다. 그러나 다른 채권자는 질권자에게 그 배당금액의 공탁을 청구할 수 있다.

(용어) 공탁 : 공탁소에 무엇인가를 제공하고 보관을 부탁하는 것을 말한다.

논점 정리 제340조 제1항
- 질권자가 질권을 행사하여 질물로부터 우선변제를 먼저 받게 되는 경우를 말한다.
- 질권자가 우선변제를 통해 받게 된 부분이 채권전부를 충족시키기에 부족한 경우에는 채무자의 다른 재산으로부터 평등변제를 받게 된다.

논점 정리 제340조 제2항
- 질권자가 질권을 행사하지 않고 단순한 채권자로 평등배당을 먼저 받게 되는 경우를 말한다.
- 질권자가 다른 채권자의 권리행사로 채무자의 다른 재산으로부터 평등배당을 먼저 받을 때 다른 채권자들이 질권자가 받을 배당금액에 대해서 공탁을 청구할 수 있게 된다.

제341조 (물상보증인의 구상권) 타인의 채무를 담보하기 위한 질권설정자가 그 채무를 변제하거나 질권의 실행으로 인하여 질물의 소유권을 잃은 때에는 보증채무에 관한 규정에 의하여 채무자에 대한 구상권이 있다.

(용어) 물상보증인 또는 자기의 재산을 타인의 채무의 담보로 제공한 자 : 타인의 채무를 떠맡기 위해 제3자로서 자신의 물건을 바친 사람을 표시하는 단어이다. 채무를 떠맡기 위해 물건을 바쳤다는 점에서 '담보'라는 표현이 적합할 것 같고, 사람이 떠맡았다는 점에서 '보증인'이라는 표현이 적합할 것 같다. 민

법은 채무자도 아닌 사람이 채무를 떠맡았다는 점에 '사람'이라는 점에 더 비중을 두어서 보증인이라는 단어를 붙였다.

(용어) 물상보증인의 구상권 : 물상보증인이 대신 갚아준 타인 채무를 돌려달라고 구하는 것을 말한다.

제342조 (물상대위) 질권은 질물의 멸실, 훼손 또는 공용징수로 인하여 질권설정자가 받을 금전 기타 물건에 대하여도 이를 행사할 수 있다. 이 경우에는 그 지급 또는 인도전에 압류하여야 한다.

(용어) 대위 : 자리를 대신 차지하는 것을 말한다.

(용어) 물상대위 : 물건이 없어지고 그 위에 새롭게 생긴 것에 대해 자리를 대신 차지하는 것을 말한다. 질물이 화재로 없어졌으나 대신 새롭게 보험금이 나오게 되는 경우, 질권자가 보험금을 받을 권리라는 자리를 대신 차지하는 것을 말한다.

(용어) 압류 : 채무자가 강제집행의 대상이 되는 재산을 처분하는 것을 금지하는 것을 말한다. 이는 강제집행의 착수에 해당한다.

제343조 (준용규정) 제249조 내지 제251조, 제321조 내지 제325조의 규정은 동산질권에 준용한다.

(용어) 제321조 내지 제325조 : 제324조 제2항도 준용한다. 질권자는 질권설정자의 승낙없이 질물의 사용, 대여 또는 담보제공을 하지 못한다.

(용어) 질권자는 질권설정자의 승낙없이 질물을 담보제공을 하지 못한다 : 질권자는 질권설정자의 승낙이 있으면 질물을 담보제공할 수 있는 것을 말한다. '승낙전질'이라고도 한다.

제344조 (타법률에 의한 질권) 본절의 규정은 다른 법률의 규정에 의하여 설정된 질권에 준용한다.

제2절 권리질권

제345조 (권리질권의 목적) 질권은 재산권을 그 목적으로 할 수 있다. 그러나 부동산의 사용, 수익을 목적으로 하는 권리는 그러하지 아니하다.

(용어) 권리질권 : 채권의 담보를 위해 점유를 통해 권리에 설정하는 물권을 말한다.

(용어) 부동산의 사용, 수익을 목적으로 하는 권리 : 부동산의 사용·수익을 하는 지상권과 전세권의 물권과 임차권의 채권을 말한다.

(용어) 그러하지 아니하다 : 재산권을 질권의 목적으로 할 수 없다.

제346조 (권리질권의 설정방법) 권리질권의 설정은 법률에 다른 규정이 없으면 그 권리의 양도에 관한 방법에 의하여야 한다.

제347조 (설정계약의 요물성) 채권을 질권의 목적으로 하는 경우에 채권증서가 있는 때에는 질권의 설정은 그 증서를 질권자에게 교부함으로써 그 효력이 생긴다.

(용어) 채권증서 : 채권을 증명하는 서류를 말한다.

제348조 (저당채권에 대한 질권과 부기등기) 저당권으로 담보한 채권을 질권의 목적으로 한 때에는 그 저당권등기에 질권의 부기등기를 하여야 그 효력이 저당권에 미친다.

(용어) 담보한 채권 : 담보가 설정된 채권을 표시하는 단어이다. '피담보채권'이라고도 한다.

(용어) 저당권으로 담보한 채권을 질권의 목적으로 한 때 : 저당권이 설정된 채권을 담보의 목적으로 질권을 설정한 경우를 말한다. (甲을 乙로부터 1억원을 빌리고 자신의 건물에 1번 저당권을 설정하여 주었다. 乙이 丙에게 8천만원을 빌리

면서 甲에 대한 1억원의 채권을 담보로 제공한 경우가 이에 속한다.)

(용어) 부기등기 : 독립한 번호를 갖지 않고 기존의 등기의 번호를 그대로 사용하면서 그 번호 아래에 부기 몇 호라는 가지번호를 붙여서 하는 등기를 말한다. 1-1로 등기를 표시하게 된다.

> **제349조 (지명채권에 대한 질권의 대항요건)** ① 지명채권을 목적으로 한 질권의 설정은 설정자가 제450조의 규정에 의하여 제3채무자에게 질권설정의 사실을 통지하거나 제3채무자가 이를 승낙함이 아니면 이로써 제3채무자 기타 제3자에게 대항하지 못한다.
> ② 제451조의 규정은 전항의 경우에 준용한다.

(용어) 지명채권에 대한 질권의 대항요건 : 질권설정자가 지명채권에 질권을 설정했다는 사실을 제3채무자나 제3자에게 주장하기 위해서 질권설정자가 제3채무자에게 통지하거나 제3채무자가 승낙을 하는 요건이 필요하다.

(용어) 지명채권 : 채권자의 이름을 손가락으로 가리키는 것을 말한다. 채권자가 증서를 반드시 작성하지 않기 때문에 증서에 채권자를 기재할 수 없어서 채권자를 손가락으로 가리킬 수밖에 없기 때문이다. (친구에게 돈을 빌려주는 것 같이 일반적인 채권은 지명채권이다.)

(용어) 제3채무자 : 채권자의 입장에서 채무자에 대한 또 다른 채무자, 즉 제3자인 채무자를 줄여서 제3채무자라고 말한다. (甲은 乙의 채권자이고, 乙은 丙에 대해서 채권자이다. 甲을 중심으로 용어를 정리하면 甲은 채권자, 乙은 채무자, 丙은 제3채무자가 된다.)

[논점 정리] **지명채권의 질권설정**

ⓐ 지명채권의 양도 : 증서가 없기 때문에 채권을 양도하였다는 사실을 양수인이 채무자에게 주장하기 위해서는 양도인이 채무자에게 통지하거나 채무자의 승낙이 필요하다.

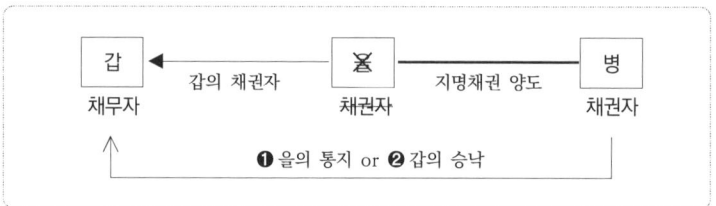

ⓑ 지명채권의 질권 설정 : 증서가 없기 때문에 채권에 질권을 설정했다는 사실을 질권자가 채무자에게 주장하기 위해서는 채권자가 채무자에게 통지하거나 채무자의 승낙이 필요하다.

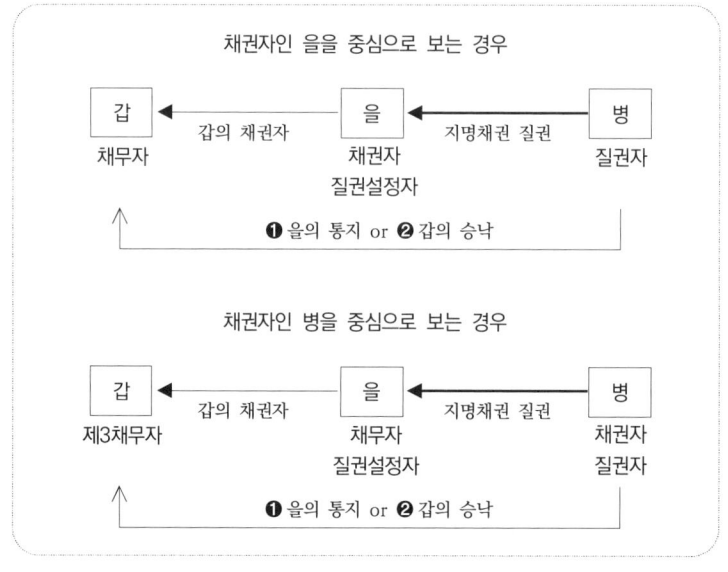

> 제350조 (지시채권에 대한 질권의 설정방법) 지시채권을 질권의 목적으로 한 질권의 설정은 증서에 배서하여 질권자에게 교부함으로써 그 효력이 생긴다.

(용어) 지시채권 : 기명채권에 기재된 채권자가 다른 자를 권리자로 지시할 수 있게 한 채권을 말한다. (어음·수표는 지시채권이다.)

(용어) 기명채권 : 기명채권 : 채권자의 이름이 기재되어 있는 채권을 말한다. 채권자가 증서를 반드시 작성하기 때문에 증서에 채권자를 기재할 수 있다. (토지상환채권은 기명채권이다.)

(용어) 배서 : 어음이나 수표의 뒷면에 글을 쓰는 것을 말한다. (자기앞수표의 뒷면에 성명, 주민등록번호, 핸드폰 번호 등을 적는 것이 이에 해당한다.)

> [논점 정리] **지시채권의 질권설정**

ⓐ 지시채권의 양도 : 채권을 양도하였다는 사실을 양수인이 채무자에게 주장하기 위해서는 채무자에게 증서를 보여주면 된다. 증서를 교부할 때에 채권자의 이름을 기재하는 배서를 같이 하여야 한다. 배서를 해야 하는 이유는 증서가 잘못된 경우 책임을 물을 수 있는 채권자들을 명확히 하기 위함이다.

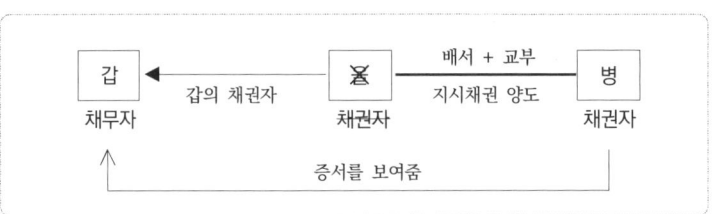

ⓑ 지시채권의 질권 설정 : 채권에 질권을 설정했다는 사실을 질권자가 채무자에게 주장하기 위해서는 채무자에게 증서를 보여주면 된다. 증서를 교부할 때에 채권자의 이름을 기재하는 배서를 같이 하여야 한다.

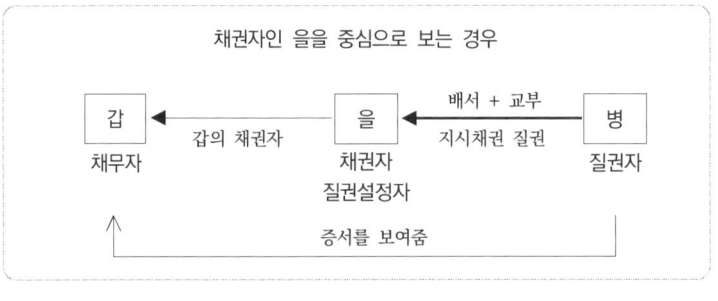

제351조 (무기명채권에 대한 질권의 설정방법) <u>무기명채권</u>을 목적으로 한 질권의 설정은 증서를 질권자에게 교부함으로써 그 효력이 생긴다.

(용어) 무기명채권 : 채권자의 이름이 기재되어 있지 아니한 채권을 말한다. (상품권은 무기명채권이다.)

> **논점 정리** **무기명채권의 질권설정**

ⓐ 무기명채권의 양도 : 채권을 양도하였다는 사실을 양수인이 채무자에게 주장하기 위해서는 채무자에게 증서를 보여주면 된다. 지시채권처럼 증서를 교부할 때에 채권자의 이름을 기재하는 배서를 할 필요가 없다.

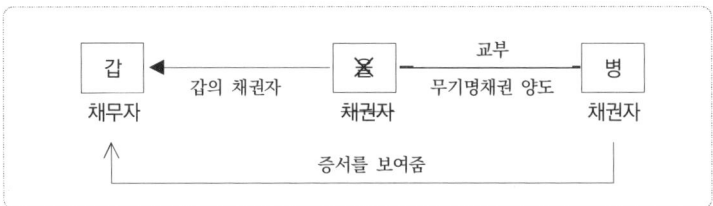

ⓑ 무기명채권의 질권 설정 : 채권에 질권을 설정했다는 사실을 질권자가 채무자에게 주장하기 위해서는 채무자에게 증서를 보여주면 된다. 지시채권처럼 증서를 교부할 때에 채권자의 이름을 기재하는 배서를 할 필요가 없다.

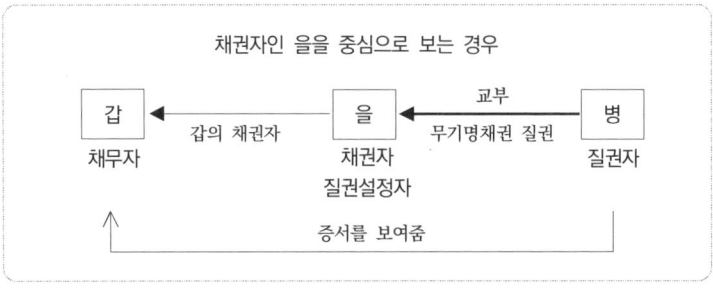

제352조 (질권설정자의 권리처분제한) 질권설정자는 질권자의 동의없이 질권의 목적된 권리를 소멸하게 하거나 질권자의 이익을 해하는 변경을 할 수 없다.

제353조 (질권의 목적이 된 채권의 실행방법) ① 질권자는 질권의 목적이 된 채권을 직접 청구할 수 있다.
② 채권의 목적물이 금전인 때에는 질권자는 자기채권의 한도에서 직접 청구할 수 있다.
③ 전항의 채권의 변제기가 질권자의 채권의 변제기보다 먼저 도래한 때에는 질권자는 제3채무자에 대하여 그 변제금액의 공탁을 청구할 수 있다. 이 경우에 질권은 그 공탁금에 존재한다.
④ 채권의 목적물이 금전 이외의 물건인 때에는 질권자는 그 변제를 받은 물건에 대하여 질권을 행사할 수 있다.

(용어) 변제금액 : 변제해야 하는 채무의 금액을 말한다.

(용어) 공탁금 : 공탁되어진 금액을 말한다.

제354조 (동전) 질권자는 전조의 규정에 의하는 외에 민사집행법에 정한 집행방법에 의하여 질권을 실행할 수 있다.

제355조 (준용규정) 권리질권에는 본절의 규정외에 동산질권에 관한 규정을 준용한다.

제9장 저당권

논점 정리 담보물권의 약정이 없는 경우

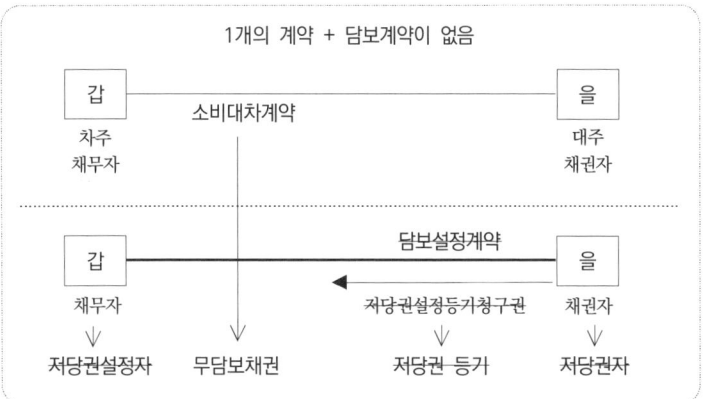

논점 정리 약정담보물권 - 질권, 저당권

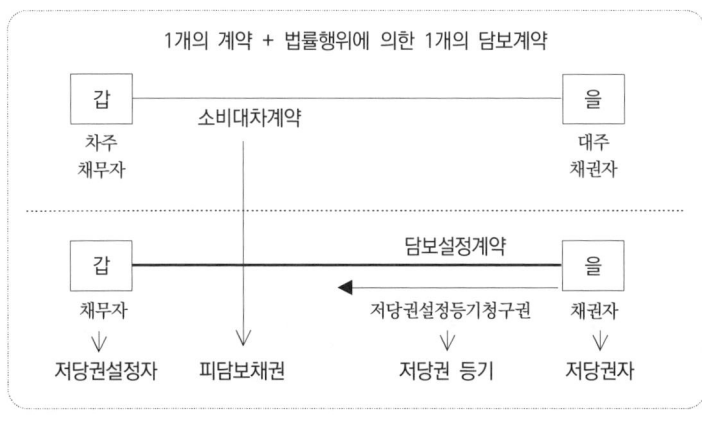

논점 정리 저당권

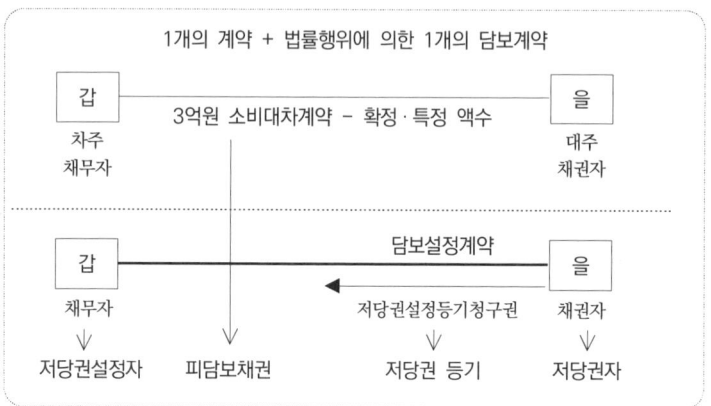

논점 정리 근저당권

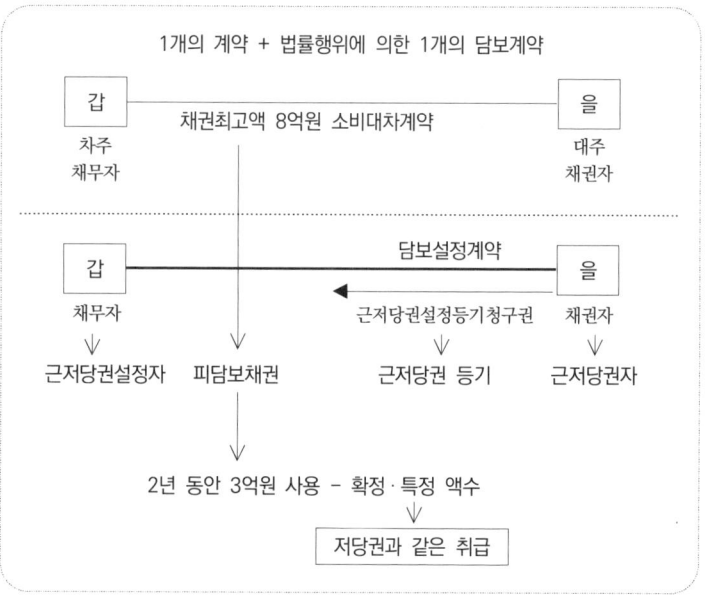

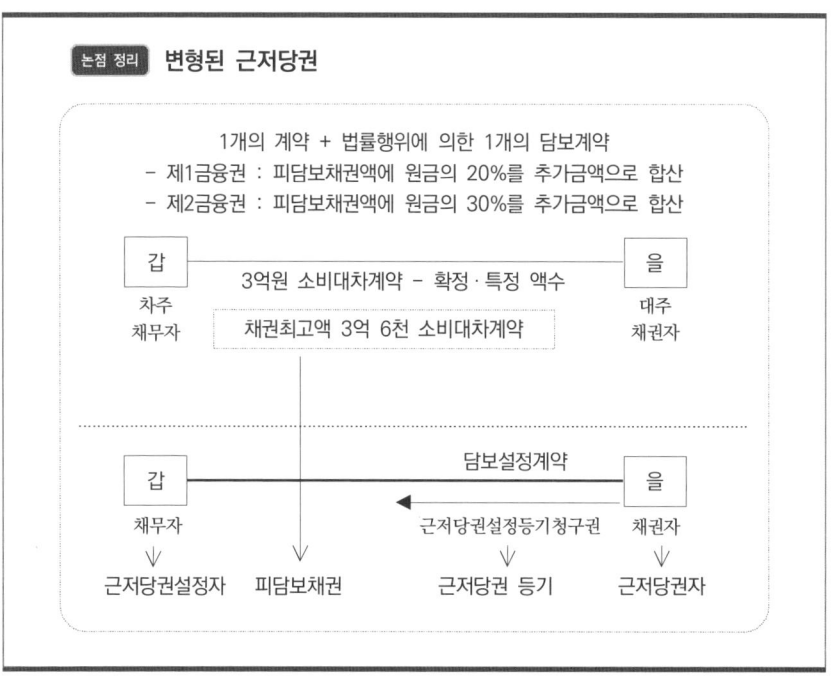

제356조 (저당권의 내용) 저당권자는 채무자 또는 제3자가 점유를 이전하지 아니하고 채무의 담보로 제공한 부동산에 대하여 다른 채권자보다 자기채권의 우선변제를 받을 권리가 있다.

(용어) 저당권자 : 저당권을 취득한 자를 말한다.

(용어) 이전2 : 장소나 주소를 다른 곳으로 옮기는 것을 표시하는 단어이다.

제357조 (근저당) ① 저당권은 그 담보할 채무의 최고액만을 정하고 채무의 확정을 장래에 보류하여 이를 설정할 수 있다. 이 경우에는 그 확정될 때까지의 채무의 소멸 또는 이전은 저당권에 영향을 미치지 아니한다.
② 전항의 경우에는 채무의 이자는 최고액 중에 산입한 것으로 본다.

> (용어) 근저당 : 뿌리가 뻗어가듯이 채무액이 계속적으로 늘어날 수 있는 불특정채무에 대한 저당권을 말한다.

> (용어) 채무의 최고액 : 채무자가 빌려 쓸 수 있는 가장 높은 금액을 말한다. (甲이 3억원의 마이너스 통장을 만들었다면 甲이 인출해서 쓸 수 있는 가장 높은 금액은 3억원이다. 이 마이너스 통장에 담보로 저당권을 설정하게 되면 근저당권이 된다.)

> (용어) 이전1 : 권리가 상대방에게 넘어가는 현상을 표시하는 단어이다.

> (용어) 확정될 때까지의 채무의 소멸은 저당권에 영향을 미치지 아니한다 : 채무가 소멸되면 그에 따른 담보인 저당권도 소멸하는 것이 원칙이지만, 근저당권의 경우에는 채무가 소멸되어도 그에 따른 담보인 근저당권은 소멸하지 않는다. (마이너스 통장에서 1억원을 인출한 뒤에 이를 변제를 했다고 하여 근저당권이 소멸하지 않는다.)

제358조 (저당권의 효력의 범위) 저당권의 효력은 <u>저당부동산에 부합된 물건과 종물</u>에 미친다. 그러나 법률에 특별한 규정 또는 설정행위에 다른 약정이 있으면 <u>그러하지 아니하다</u>.

> (용어) 부동산에 부합 : 민법 제256조의 '부동산에의 부합'의 의미로 사용되었다.

> (용어) 저당부동산에 부합 : 저당권이 설정된 부동산에 부합된 물건이든 부속된 물건이든 구분 없이 모두를 포섭하는 의미로 사용된다.

> > **[논점 정리]** 제256조의 부동산에의 부합의 의미
> >
> > ◆ 제256조 제목의 '부동산에의 부합'이라는 단어는 부동산에 부합된 물건이든 부속된 물건이든 구분 없이 모두를 포섭하는 의미로 사용된다. 물권법에서 '부동산에 부합'이라고 한다면 이는 제256조의 '부동산에의 부합'이라는 단어의 의미로 사용되는 것이다.

> (용어) 종물 : 종된 물권을 말한다.

> (용어) 그러하지 아니하다 : 저당권의 효력이 저당부동산에 부합된 물건과 종물에 미치지 않는다.

제359조 (과실에 대한 효력) 저당권의 효력은 저당부동산에 대한 압류가 있은 후에 저당권설정자가 그 부동산으로부터 수취한 과실 또는 수취할 수 있는 과실에 미친다. 그러나 저당권자가 <u>그 부동산에 대한 소유권, 지상권 또는 전세권을 취득한 제3자</u>에 대하여는 압류한 사실을 통지한 후가 아니면 이로써 대항하지 못한다.

(용어) 과실2 : 원물로부터 생기는 수익물을 말한다. '果實'라고 표시한다.

(용어) 그 부동산에 대한 소유권, 지상권 또는 전세권을 취득한 제3자 : 저당권이 설정된 부동산을 매수하여 소유권을 취득하거나, 지상권 또는 전세권을 취득한 자를 말한다. '제3취득자'라고도 한다.

제360조 (피담보채권의 범위) 저당권은 원본, 이자, 위약금, 채무불이행으로 인한 손해배상 및 저당권의 실행비용을 담보한다. 그러나 <u>지연배상</u>에 대하여는 원본의 <u>이행기일</u>을 경과한 후의 1년분에 한하여 저당권을 행사할 수 있다.

(용어) 지연배상 : 이행이 지연되고 늦어지고 있는데 따른 손해배상을 말한다.

(용어) 이행기일 : 채무자가 채무 이행을 하기로 정한 기한이 도래한 날을 표시하는 단어이다. '이행기'라고도 한다.

제361조 (저당권의 처분제한) 저당권은 그 담보한 채권과 분리하여 타인에게 양도하거나 다른 채권의 담보로 하지 못한다.

제362조 (저당물의 보충) 저당권설정자의 책임있는 사유로 인하여 저당물의 가액이 현저히 <u>감소된</u> 때에는 저당권자는 저당권설정자에 대하여 그 원상회복 또는 상당한 담보제공을 청구할 수 있다.

(용어) 감소 : '물건'의 양이나 '가치'의 액수가 줄어드는 것을 표시하는 단어이다.

제363조 (저당권자의 경매청구권, 경매인) ① 저당권자는 그 채권의 변제를 받기 위하여 저당물의 경매를 청구할 수 있다.
② 저당물의 소유권을 취득한 제3자도 경매인이 될 수 있다.

(용어) 경매인 : 경매를 시작할 때 경매의 참가신청을 한 자를 말한다.
(용어) 저당물의 소유권을 취득한 제3자 : 제3취득자를 말한다.

제364조 (제3취득자의 변제) 저당부동산에 대하여 소유권, 지상권 또는 전세권을 취득한 제3자는 저당권자에게 그 부동산으로 담보된 채권을 변제하고 저당권의 소멸을 청구할 수 있다.

(용어) 제3취득자 : 저당권이 설정된 부동산을 매수하여 소유권을 취득하거나, 지상권 또는 전세권을 취득한 자를 말한다.

제365조 (저당지상의 건물에 대한 경매청구권) 토지를 목적으로 저당권을 설정한 후 그 설정자가 그 토지에 건물을 축조한 때에는 저당권자는 토지와 함께 그 건물에 대하여도 경매를 청구할 수 있다. 그러나 그 건물의 경매대가에 대하여는 우선변제를 받을 권리가 없다.

제366조 (법정지상권) 저당물의 경매로 인하여 토지와 그 지상건물이 다른 소유자에 속한 경우에는 토지소유자는 건물소유자에 대하여 지상권을 설정한 것으로 본다. 그러나 지료는 당사자의 청구에 의하여 법원이 이를 정한다.

(용어) 법원(法院) : 사법권을 행사하는 국가기관을 말한다. '法院'라고 표시한다.

제367조 (제3취득자의 비용상환청구권) 저당물의 제3취득자가 그 부동산의 보존, 개량을 위하여 필요비 또는 유익비를 지출한 때에는 제203조제1항, 제2항의 규정에 의하여 저당물의 경매대가에서 우선상환을 받을 수 있다.

제368조 (공동저당과 대가의 배당, 차순위자의 대위) ① 동일한 채권의 담보로 수개의 부동산에 저당권을 설정한 경우에 그 부동산의 경매대가를 동시에 배당하는 때에는 각부동산의 경매대가에 비례하여 그 채권의 분담을 정한다. ② 전항의 저당부동산중 일부의 경매대가를 먼저 배당하는 경우에는 그 대가에서 그 채권전부의 변제를 받을 수 있다. 이 경우에 그 경매한 부동산의 차순위저당권자는 선순위저당권자가 전항의 규정에 의하여 다른 부동산의 경매대가에서 변제를 받을 수 있는 금액의 한도에서 선순위자를 대위하여 저당권을 행사할 수 있다.

(용어) 공동저당 : 수 개의 부동산에 동일한 채권을 담보하기 위하여 저당권을 설정하는 것을 말한다.

(용어) 동시에 배당 : 같은 시기에 배당을 하는 것을 말한다.

(용어) 차순위저당권자 : 저당권자의 순위가 뒤로 밀리는 자를 말한다.

(용어) 선순위저당권자 : 저당권자의 순위가 앞서는 자를 말한다. '선순위자'라고도 한다.

제369조 (부종성) 저당권으로 담보한 채권이 시효의 완성 기타 사유로 인하여 소멸한 때에는 저당권도 소멸한다.

(용어) 시효의 완성 : 권리를 행사하지 않고 일정한 시간이 지나면 권리가 소멸하는 것이 완성되어 권리가 소멸한 것을 말한다. 권리가 소멸한 채권자는 더 이상 권리를 행사하지 못하게 된다. '소멸시효의 완성'이라고도 한다.

제370조(준용규정) 제214조, 제321조, 제333조, 제340조, 제341조 및 제342조의 규정은 저당권에 준용한다.

제371조(지상권, 전세권을 목적으로 하는 저당권) ① 본장의 규정은 지상권 또는 전세권을 저당권의 목적으로 한 경우에 준용한다.
② 지상권 또는 전세권을 목적으로 저당권을 설정한 자는 저당권자의 동의없이 지상권 또는 전세권을 소멸하게 하는 행위를 하지 못한다.

(용어) 지상권 또는 전세권을 저당권의 목적 : 채권에 대한 담보로 지상권과 전세권에 저당권을 설정한 것을 말한다.

제372조(타법률에 의한 저당권) 본장의 규정은 다른 법률에 의하여 설정된 저당권에 준용한다.

집합건물의 소유 및 관리에 관한 법률

제1장 건물의 구분소유

제1절 총칙

제1조 (건물의 구분소유) 1동의 건물 중 구조상 구분된 여러 개의 부분이 독립한 건물로서 사용될 수 있을 때에는 그 각 부분은 이 법에서 정하는 바에 따라 각각 소유권의 목적으로 할 수 있다.

제1조의2 (상가건물의 구분소유) ① 1동의 건물이 다음 각 호에 해당하는 방식으로 여러 개의 건물부분으로 이용상 구분된 경우에 그 건물부분(이하 "구분점포"라 한다)은 이 법에서 정하는 바에 따라 각각 소유권의 목적으로 할 수 있다.
1. 구분점포의 용도가 「건축법」 제2조제2항제7호의 판매시설 및 같은 항 제8호의 운수시설일 것
2. 삭제
3. 경계를 명확하게 알아볼 수 있는 표지를 바닥에 견고하게 설치할 것
4. 구분점포별로 부여된 건물번호 표지를 견고하게 붙일 것
② 제1항에 따른 경계표지 및 건물번호표지에 관하여 필요한 사항은 대통령령으로 정한다.

제2조 (정의) 이 법에서 사용하는 용어의 뜻은 다음과 같다.
1. "구분소유권"이란 제1조 또는 제1조의2에 규정된 건물부분[제3조제2항 및 제3항에 따라 공용부분(공용부분)으로 된 것은 제외한다]을 목적으로 하는 소유권을 말한다.
2. "구분소유자"란 구분소유권을 가지는 자를 말한다.

3. "전유부분"(전유부분)이란 구분소유권의 목적인 건물부분을 말한다.
4. "공용부분"이란 전유부분 외의 건물부분, 전유부분에 속하지 아니하는 건물의 부속물 및 제3조제2항 및 제3항에 따라 공용부분으로 된 부속의 건물을 말한다.
5. "건물의 대지"란 전유부분이 속하는 1동의 건물이 있는 토지 및 제4조에 따라 건물의 대지로 된 토지를 말한다.
6. "대지사용권"이란 구분소유자가 전유부분을 소유하기 위하여 건물의 대지에 대하여 가지는 권리를 말한다.

제2조의2 (다른 법률과의 관계) 집합주택의 관리 방법과 기준, 하자담보책임에 관한 「주택법」 및 「공동주택관리법」의 특별한 규정은 이 법에 저촉되어 구분소유자의 기본적인 권리를 해치지 아니하는 범위에서 효력이 있다.

제3조 (공용부분) ① 여러 개의 전유부분으로 통하는 복도, 계단, 그 밖에 구조상 구분소유자 전원 또는 일부의 공용에 제공되는 건물부분은 구분소유권의 목적으로 할 수 없다.
② 제1조 또는 제1조의2에 규정된 건물부분과 부속의 건물은 규약으로써 공용부분으로 정할 수 있다.
③ 제1조 또는 제1조의2에 규정된 건물부분의 전부 또는 부속건물을 소유하는 자는 공정증서로써 제2항의 규약에 상응하는 것을 정할 수 있다.
④ 제2항과 제3항의 경우에는 공용부분이라는 취지를 등기하여야 한다.

제4조 (규약에 따른 건물의 대지) ① 통로, 주차장, 정원, 부속건물의 대지, 그 밖에 전유부분이 속하는 1동의 건물 및 그 건물이 있는 토지와 하나로 관리되거나 사용되는 토지는 규약으로써 건물의 대지로 할 수 있다.
② 제1항의 경우에는 제3조제3항을 준용한다.
③ 건물이 있는 토지가 건물이 일부 멸실함에 따라 건물이 있는 토지가 아닌

토지로 된 경우에는 그 토지는 제1항에 따라 규약으로써 건물의 대지로 정한 것으로 본다. 건물이 있는 토지의 일부가 분할로 인하여 건물이 있는 토지가 아닌 토지로 된 경우에도 같다.

제5조 (구분소유자의 권리·의무 등) ① 구분소유자는 건물의 보존에 해로운 행위나 그 밖에 건물의 관리 및 사용에 관하여 구분소유자 공동의 이익에 어긋나는 행위를 하여서는 아니 된다.
② 전유부분이 주거의 용도로 분양된 것인 경우에는 구분소유자는 정당한 사유 없이 그 부분을 주거 외의 용도로 사용하거나 그 내부 벽을 철거하거나 파손하여 증축·개축하는 행위를 하여서는 아니 된다.
③ 구분소유자는 그 전유부분이나 공용부분을 보존하거나 개량하기 위하여 필요한 범위에서 다른 구분소유자의 전유부분 또는 자기의 공유에 속하지 아니하는 공용부분의 사용을 청구할 수 있다. 이 경우 다른 구분소유자가 손해를 입었을 때에는 보상하여야 한다.
④ 전유부분을 점유하는 자로서 구분소유자가 아닌 자(이하 "점유자"라 한다)에 대하여는 제1항부터 제3항까지의 규정을 준용한다.

제6조 (건물의 설치·보존상의 흠 추정) 전유부분이 속하는 1동의 건물의 설치 또는 보존의 흠으로 인하여 다른 자에게 손해를 입힌 경우에는 그 흠은 공용부분에 존재하는 것으로 추정한다.

제7조 (구분소유권 매도청구권) 대지사용권을 가지지 아니한 구분소유자가 있을 때에는 그 전유부분의 철거를 청구할 권리를 가진 자는 그 구분소유자에 대하여 구분소유권을 시가로 매도할 것을 청구할 수 있다.

제8조 (대지공유자의 분할청구 금지) 대지 위에 구분소유권의 목적인 건물이 속하는 1동의 건물이 있을 때에는 그 대지의 공유자는 그 건물 사용에 필요한 범위의 대지에 대하여는 분할을 청구하지 못한다.

제9조 (담보책임) ① 제1조 또는 제1조의2의 건물을 건축하여 분양한 자(이하 "분양자"라 한다)와 분양자와의 계약에 따라 건물을 건축한 자로서 대통령령으로 정하는 자(이하 "시공자"라 한다)는 구분소유자에 대하여 담보책임을 진다. 이 경우 그 담보책임에 관하여는 「민법」 제667조 및 제668조를 준용한다.
② 제1항에도 불구하고 시공자가 분양자에게 부담하는 담보책임에 관하여 다른 법률에 특별한 규정이 있으면 시공자는 그 법률에서 정하는 담보책임의 범위에서 구분소유자에게 제1항의 담보책임을 진다.
③ 제1항 및 제2항에 따른 시공자의 담보책임 중 「민법」 제667조제2항에 따른 손해배상책임은 분양자에게 회생절차개시 신청, 파산 신청, 해산, 무자력 또는 그 밖에 이에 준하는 사유가 있는 경우에만 지며, 시공자가 이미 분양자에게 손해배상을 한 경우에는 그 범위에서 구분소유자에 대한 책임을 면한다.
④ 분양자와 시공자의 담보책임에 관하여 이 법과 「민법」에 규정된 것보다 매수인에게 불리한 특약은 효력이 없다.

제9조의2 (담보책임의 존속기간) ① 제9조에 따른 담보책임에 관한 구분소유자의 권리는 다음 각 호의 기간 내에 행사하여야 한다.
1. 「건축법」 제2조제1항제7호에 따른 건물의 주요구조부 및 지반공사의 하자: 10년
2. 제1호에 규정된 하자 외의 하자: 하자의 중대성, 내구연한, 교체가능성 등을 고려하여 5년의 범위에서 대통령령으로 정하는 기간

② 제1항의 기간은 다음 각 호의 날부터 기산한다.
1. 전유부분: 구분소유자에게 인도한 날
2. 공용부분: 「주택법」 제49조에 따른 사용검사일(집합건물 전부에 대하여 임시 사용승인을 받은 경우에는 그 임시 사용승인일을 말하고, 「주택법」 제49조제1항 단서에 따라 분할 사용검사나 동별 사용검사를 받은 경우에는 분할 사용검사일 또는 동별 사용검사일을 말한다) 또는 「건축법」 제22조에 따른 사용승인일
③ 제1항 및 제2항에도 불구하고 제1항 각 호의 하자로 인하여 건물이 멸실되거나 훼손된 경우에는 그 멸실되거나 훼손된 날부터 1년 이내에 권리를 행사하여야 한다.

제9조의3 (분양자의 관리의무 등) ① 분양자는 제24조제3항에 따라 선임된 관리인이 사무를 개시할 때까지 선량한 관리자의 주의로 건물과 대지 및 부속시설을 관리하여야 한다.
② 분양자는 제28조제4항에 따른 표준규약 및 <u>같은 조 제5항에 따른 지역별 표준규약</u>을 참고하여 공정증서로써 규약에 상응하는 것을 정하여 분양계약을 체결하기 전에 분양을 받을 자에게 주어야 한다. 〈개정 2023. 3. 28.〉
③ 분양자는 예정된 매수인의 2분의 1 이상이 이전등기를 한 때에는 규약 설정 및 관리인 선임을 위한 관리단집회(제23조에 따른 관리단의 집회를 말한다. 이하 같다)를 소집할 것을 대통령령으로 정하는 바에 따라 구분소유자에게 통지하여야 한다. 이 경우 통지받은 날부터 3개월 이내에 관리단집회를 소집할 것을 명시하여야 한다.
④ 분양자는 구분소유자가 제3항의 통지를 받은 날부터 3개월 이내에 관리단집회를 소집하지 아니하는 경우에는 지체 없이 관리단집회를 소집하여야 한다.

제2절 공용부분

제10조(공용부분의 귀속 등) ① 공용부분은 구분소유자 전원의 공유에 속한다. 다만, 일부의 구분소유자만이 공용하도록 제공되는 것임이 명백한 공용부분(이하 "일부공용부분"이라 한다)은 그들 구분소유자의 공유에 속한다.
② 제1항의 공유에 관하여는 제11조부터 제18조까지의 규정에 따른다. 다만, 제12조, 제17조에 규정한 사항에 관하여는 규약으로써 달리 정할 수 있다.

제11조(공유자의 사용권) 각 공유자는 공용부분을 그 용도에 따라 사용할 수 있다.

제12조(공유자의 지분권) ① 각 공유자의 지분은 그가 가지는 전유부분의 면적 비율에 따른다.
② 제1항의 경우 일부공용부분으로서 면적이 있는 것은 그 공용부분을 공용하는 구분소유자의 전유부분의 면적 비율에 따라 배분하여 그 면적을 각 구분소유자의 전유부분 면적에 포함한다.

제13조(전유부분과 공용부분에 대한 지분의 일체성) ① 공용부분에 대한 공유자의 지분은 그가 가지는 전유부분의 처분에 따른다.
② 공유자는 그가 가지는 전유부분과 분리하여 공용부분에 대한 지분을 처분할 수 없다.
③ 공용부분에 관한 물권의 득실변경은 등기가 필요하지 아니하다.

제14조 (일부공용부분의 관리) 일부공용부분의 관리에 관한 사항 중 구분소유자 전원에게 이해관계가 있는 사항과 제29조제2항의 규약으로써 정한 사항은 구분소유자 전원의 집회결의로써 결정하고, 그 밖의 사항은 그것을 공용하는 구분소유자만의 집회결의로써 결정한다.

제15조 (공용부분의 변경) ① 공용부분의 변경에 관한 사항은 관리단집회에서 구분소유자의 3분의 2 이상 및 의결권의 3분의 2 이상의 결의로써 결정한다. 다만, 다음 각 호의 어느 하나에 해당하는 경우에는 제38조제1항에 따른 통상의 집회결의로써 결정할 수 있다.
1. 공용부분의 개량을 위한 것으로서 지나치게 많은 비용이 드는 것이 아닐 경우
2. 「관광진흥법」 제3조제1항제2호나목에 따른 휴양 콘도미니엄업의 운영을 위한 휴양 콘도미니엄의 공용부분 변경에 관한 사항인 경우
② 제1항의 경우에 공용부분의 변경이 다른 구분소유자의 권리에 특별한 영향을 미칠 때에는 그 구분소유자의 승낙을 받아야 한다.

제15조의2 (권리변동 있는 공용부분의 변경) ① 제15조에도 불구하고 건물의 노후화 억제 또는 기능 향상 등을 위한 것으로 구분소유권 및 대지사용권의 범위나 내용에 변동을 일으키는 공용부분의 변경에 관한 사항은 관리단집회에서 구분소유자의 5분의 4 이상 및 의결권의 5분의 4 이상의 결의로써 결정한다. 다만, 「관광진흥법」 제3조제1항제2호나목에 따른 휴양 콘도미니엄업의 운영을 위한 휴양 콘도미니엄의 권리변동 있는 공용부분 변경에 관한 사항은 구분소유자의 3분의 2 이상 및 의결권의 3분의 2 이상의 결의로써 결정한다. 〈개정 2023. 3. 28.〉
② 제1항의 결의에서는 다음 각 호의 사항을 정하여야 한다. 이 경우 제3호부터 제7호까지의 사항은 각 구분소유자 사이에 형평이 유지되도록 정하여

야 한다.
1. 설계의 개요
2. 예상 공사 기간 및 예상 비용(특별한 손실에 대한 전보 비용을 포함한다)
3. 제2호에 따른 비용의 분담 방법
4. 변경된 부분의 용도
5. 전유부분 수의 증감이 발생하는 경우에는 변경된 부분의 귀속에 관한 사항
6. 전유부분이나 공용부분의 면적에 증감이 발생하는 경우에는 변경된 부분의 귀속에 관한 사항
7. 대지사용권의 변경에 관한 사항
8. 그 밖에 규약으로 정한 사항
③ 제1항의 결의를 위한 관리단집회의 의사록에는 결의에 대한 각 구분소유자의 찬반 의사를 적어야 한다.
④ 제1항의 결의가 있는 경우에는 제48조 및 제49조를 준용한다.

제16조 (공용부분의 관리) ① 공용부분의 관리에 관한 사항은 제15조제1항 본문 및 제15조의2의 경우를 제외하고는 제38조제1항에 따른 통상의 집회결의로써 결정한다. 다만, 보존행위는 각 공유자가 할 수 있다.
② 구분소유자의 승낙을 받아 전유부분을 점유하는 자는 제1항 본문에 따른 집회에 참석하여 그 구분소유자의 의결권을 행사할 수 있다. 다만, 구분소유자와 점유자가 달리 정하여 관리단에 통지한 경우에는 그러하지 아니하며, 구분소유자의 권리·의무에 특별한 영향을 미치는 사항을 결정하기 위한 집회인 경우에는 점유자는 사전에 구분소유자에게 의결권 행사에 대한 동의를 받아야 한다.
③ 제1항 및 제2항에 규정된 사항은 규약으로써 달리 정할 수 있다.
④ 제1항 본문의 경우에는 제15조제2항을 준용한다.

제17조 (공용부분의 부담·수익) 각 공유자는 규약에 달리 정한 바가 없으면 그 지분의 비율에 따라 공용부분의 관리비용과 그 밖의 의무를 부담하며 공용부분에서 생기는 이익을 취득한다.

제17조의2 (수선적립금) ① 제23조에 따른 관리단(이하 "관리단"이라 한다)은 규약에 달리 정한 바가 없으면 관리단집회 결의에 따라 건물이나 대지 또는 부속시설의 교체 및 보수에 관한 수선계획을 수립할 수 있다.
② 관리단은 규약에 달리 정한 바가 없으면 관리단집회의 결의에 따라 수선적립금을 징수하여 적립할 수 있다. 다만, 다른 법률에 따라 장기수선을 위한 계획이 수립되어 충당금 또는 적립금이 징수·적립된 경우에는 그러하지 아니하다.
③ 제2항에 따른 수선적립금(이하 이 조에서 "수선적립금"이라 한다)은 구분소유자로부터 징수하며 관리단에 귀속된다.
④ 관리단은 규약에 달리 정한 바가 없으면 수선적립금을 다음 각 호의 용도로 사용하여야 한다.
1. 제1항의 수선계획에 따른 공사
2. 자연재해 등 예상하지 못한 사유로 인한 수선공사
3. 제1호 및 제2호의 용도로 사용한 금원의 변제
⑤ 제1항에 따른 수선계획의 수립 및 수선적립금의 징수·적립에 필요한 사항은 대통령령으로 정한다.

제18조 (공용부분에 관하여 발생한 채권의 효력) 공유자가 공용부분에 관하여 다른 공유자에 대하여 가지는 채권은 그 특별승계인에 대하여도 행사할 수 있다.

제19조(공용부분에 관한 규정의 준용) 건물의 대지 또는 공용부분 외의 부속시설(이들에 대한 권리를 포함한다)을 구분소유자가 공유하는 경우에는 그 대지 및 부속시설에 관하여 제15조, 제15조의2, 제16조, 제17조까지의 규정을 준용한다.

제3절 대지사용권

제20조(전유부분과 대지사용권의 일체성) ① 구분소유자의 대지사용권은 그가 가지는 전유부분의 처분에 따른다.
② 구분소유자는 그가 가지는 전유부분과 분리하여 대지사용권을 처분할 수 없다. 다만, 규약으로써 달리 정한 경우에는 그러하지 아니하다.
③ 제2항 본문의 분리처분금지는 그 취지를 등기하지 아니하면 선의로 물권을 취득한 제3자에게 대항하지 못한다.
④ 제2항 단서의 경우에는 제3조제3항을 준용한다.

제21조(전유부분의 처분에 따르는 대지사용권의 비율) ① 구분소유자가 둘 이상의 전유부분을 소유한 경우에는 각 전유부분의 처분에 따르는 대지사용권은 제12조에 규정된 비율에 따른다. 다만, 규약으로써 달리 정할 수 있다.
② 제1항 단서의 경우에는 제3조제3항을 준용한다.

제22조(「민법」 제267조의 적용 배제) 제20조제2항 본문의 경우 대지사용권에 대하여는 「민법」 제267조(같은 법 제278조에서 준용하는 경우를 포함한다)를 적용하지 아니한다.

제4절 관리단 및 관리단의 기관

제23조 (관리단의 당연 설립 등) ① 건물에 대하여 구분소유 관계가 성립되면 구분소유자 전원을 구성원으로 하여 건물과 그 대지 및 부속시설의 관리에 관한 사업의 시행을 목적으로 하는 관리단이 설립된다.
② 일부공용부분이 있는 경우 그 일부의 구분소유자는 제28조제2항의 규약에 따라 그 공용부분의 관리에 관한 사업의 시행을 목적으로 하는 관리단을 구성할 수 있다.

제23조의2 (관리단의 의무) 관리단은 건물의 관리 및 사용에 관한 공동이익을 위하여 필요한 구분소유자의 권리와 의무를 선량한 관리자의 주의로 행사하거나 이행하여야 한다.

제24조 (관리인의 선임 등) ① 구분소유자가 10인 이상일 때에는 관리단을 대표하고 관리단의 사무를 집행할 관리인을 선임하여야 한다.
② 관리인은 구분소유자일 필요가 없으며, 그 임기는 2년의 범위에서 규약으로 정한다.
③ 관리인은 관리단집회의 결의로 선임되거나 해임된다. 다만, 규약으로 제26조의3에 따른 관리위원회의 결의로 선임되거나 해임되도록 정한 경우에는 그에 따른다.
④ 구분소유자의 승낙을 받아 전유부분을 점유하는 자는 제3항 본문에 따른 관리단집회에 참석하여 그 구분소유자의 의결권을 행사할 수 있다. 다만, 구분소유자와 점유자가 달리 정하여 관리단에 통지하거나 구분소유자가 집회 이전에 직접 의결권을 행사할 것을 관리단에 통지한 경우에는 그러하지 아니하다.

⑤ 관리인에게 부정한 행위나 그 밖에 그 직무를 수행하기에 적합하지 아니한 사정이 있을 때에는 각 구분소유자는 관리인의 해임을 법원에 청구할 수 있다.
⑥ 전유부분이 50개 이상인 건물(「공동주택관리법」에 따른 의무관리대상 공동주택 및 임대주택과 「유통산업발전법」에 따라 신고한 대규모점포등관리자가 있는 대규모점포 및 준대규모점포는 제외한다)의 관리인으로 선임된 자는 대통령령으로 정하는 바에 따라 선임된 사실을 특별자치시장, 특별자치도지사, 시장, 군수 또는 자치구의 구청장(이하 "소관청"이라 한다)에게 신고하여야 한다.

제24조의2 (임시관리인의 선임 등) ① 구분소유자, 그의 승낙을 받아 전유부분을 점유하는 자, 분양자 등 이해관계인은 제24조제3항에 따라 선임된 관리인이 없는 경우에는 법원에 임시관리인의 선임을 청구할 수 있다.
② 임시관리인은 선임된 날부터 6개월 이내에 제24조제3항에 따른 관리인 선임을 위하여 관리단집회 또는 관리위원회를 소집하여야 한다.
③ 임시관리인의 임기는 선임된 날부터 제24조제3항에 따라 관리인이 선임될 때까지로 하되, 같은 조 제2항에 따라 규약으로 정한 임기를 초과할 수 없다.

제25조 (관리인의 권한과 의무) ① 관리인은 다음 각 호의 행위를 할 권한과 의무를 가진다.
1. 공용부분의 보존행위
1의2. 공용부분의 관리 및 변경에 관한 관리단집회 결의를 집행하는 행위
2. 공용부분의 관리비용 등 관리단의 사무 집행을 위한 비용과 분담금을 각 구분소유자에게 청구·수령하는 행위 및 그 금원을 관리하는 행위
3. 관리단의 사업 시행과 관련하여 관리단을 대표하여 하는 재판상 또는 재판

외의 행위
3의2. 소음·진동·악취 등을 유발하여 공동생활의 평온을 해치는 행위의 중지 요청 또는 분쟁 조정절차 권고 등 필요한 조치를 하는 행위
4. 그 밖에 규약에 정하여진 행위
② 관리인의 대표권은 제한할 수 있다. 다만, 이로써 선의의 제3자에게 대항할 수 없다.

제26조(관리인의 보고의무 등) ① 관리인은 대통령령으로 정하는 바에 따라 매년 1회 이상 구분소유자 및 그의 승낙을 받아 전유부분을 점유하는 자에게 그 사무에 관한 보고를 하여야 한다. 〈개정 2023. 3. 28.〉
② 전유부분이 50개 이상인 건물의 관리인은 관리단의 사무 집행을 위한 비용과 분담금 등 금원의 징수·보관·사용·관리 등 모든 거래행위에 관하여 장부를 월별로 작성하여 그 증빙서류와 함께 해당 회계연도 종료일부터 5년간 보관하여야 한다. 〈신설 2023. 3. 28.〉
③ 이해관계인은 관리인에게 제1항에 따른 보고 자료, 제2항에 따른 장부나 증빙서류의 열람을 청구하거나 자기 비용으로 등본의 교부를 청구할 수 있다. 이 경우 관리인은 다음 각 호의 정보를 제외하고 이에 응하여야 한다. 〈개정 2023. 3. 28.〉
1. 「개인정보 보호법」 제24조에 따른 고유식별정보 등 개인의 사생활의 비밀 또는 자유를 침해할 우려가 있는 정보
2. 의사결정 과정 또는 내부검토 과정에 있는 사항 등으로서 공개될 경우 업무의 공정한 수행에 현저한 지장을 초래할 우려가 있는 정보
④ 「공동주택관리법」에 따른 의무관리대상 공동주택 및 임대주택과 「유통산업발전법」에 따라 신고한 대규모점포등관리자가 있는 대규모점포 및 준대규모점포에 대해서는 제1항부터 제3항까지를 적용하지 아니한다. 〈신설 2023. 3. 28.〉
⑤ 이 법 또는 규약에서 규정하지 아니한 관리인의 권리의무에 관하여는 「민법」의 위임에 관한 규정을 준용한다.

物權法

제26조의2 (회계감사) ① 전유부분이 150개 이상으로서 대통령령으로 정하는 건물의 관리인은 「주식회사 등의 외부감사에 관한 법률」 제2조제7호에 따른 감사인(이하 이 조에서 "감사인"이라 한다)의 회계감사를 매년 1회 이상 받아야 한다. 다만, 관리단집회에서 구분소유자의 3분의 2 이상 및 의결권의 3분의 2 이상이 회계감사를 받지 아니하기로 결의한 연도에는 그러하지 아니하다.
② 구분소유자의 승낙을 받아 전유부분을 점유하는 자는 제1항 단서에 따른 관리단집회에 참석하여 그 구분소유자의 의결권을 행사할 수 있다. 다만, 구분소유자와 점유자가 달리 정하여 관리단에 통지하거나 구분소유자가 집회 이전에 직접 의결권을 행사할 것을 관리단에 통지한 경우에는 그러하지 아니하다.
③ 전유부분이 50개 이상 150개 미만으로서 대통령령으로 정하는 건물의 관리인은 구분소유자의 5분의 1 이상이 연서(연서)하여 요구하는 경우에는 감사인의 회계감사를 받아야 한다. 이 경우 구분소유자의 승낙을 받아 전유부분을 점유하는 자가 구분소유자를 대신하여 연서할 수 있다.
④ 관리인은 제1항 또는 제3항에 따라 회계감사를 받은 경우에는 대통령령으로 정하는 바에 따라 감사보고서 등 회계감사의 결과를 구분소유자 및 그의 승낙을 받아 전유부분을 점유하는 자에게 보고하여야 한다.
⑤ 제1항 또는 제3항에 따른 회계감사의 기준·방법 및 감사인의 선정방법 등에 관하여 필요한 사항은 대통령령으로 정한다.
⑥ 제1항 또는 제3항에 따라 회계감사를 받는 관리인은 다음 각 호의 어느 하나에 해당하는 행위를 하여서는 아니 된다.
1. 정당한 사유 없이 감사인의 자료열람·등사·제출 요구 또는 조사를 거부·방해·기피하는 행위
2. 감사인에게 거짓 자료를 제출하는 등 부정한 방법으로 회계감사를 방해하는 행위
⑦ 「공동주택관리법」에 따른 의무관리대상 공동주택 및 임대주택과 「유통산업발전법」에 따라 신고한 대규모점포등관리자가 있는 대규모점포 및 준대규

모점포에는 제1항부터 제6항까지의 규정을 적용하지 아니한다.

제26조의3 (관리위원회의 설치 및 기능) ① 관리단에는 규약으로 정하는 바에 따라 관리위원회를 둘 수 있다.
② 관리위원회는 이 법 또는 규약으로 정한 관리인의 사무 집행을 감독한다.
③ 제1항에 따라 관리위원회를 둔 경우 관리인은 제25조제1항 각 호의 행위를 하려면 관리위원회의 결의를 거쳐야 한다. 다만, 규약으로 달리 정한 사항은 그러하지 아니하다.

제26조의4 (관리위원회의 구성 및 운영) ① 관리위원회의 위원은 구분소유자 중에서 관리단집회의 결의에 의하여 선출한다. 다만, 규약으로 관리단집회의 결의에 관하여 달리 정한 경우에는 그에 따른다.
② 관리인은 규약에 달리 정한 바가 없으면 관리위원회의 위원이 될 수 없다.
③ 관리위원회 위원의 임기는 2년의 범위에서 규약으로 정한다.
④ 제1항부터 제3항까지에서 규정한 사항 외에 관리위원회의 구성 및 운영에 필요한 사항은 대통령령으로 정한다.
⑤ 구분소유자의 승낙을 받아 전유부분을 점유하는 자는 제1항 본문에 따른 관리단집회에 참석하여 그 구분소유자의 의결권을 행사할 수 있다. 다만, 구분소유자와 점유자가 달리 정하여 관리단에 통지하거나 구분소유자가 집회 이전에 직접 의결권을 행사할 것을 관리단에 통지한 경우에는 그러하지 아니하다.

제26조의5 (집합건물의 관리에 관한 감독) ① 특별시장·광역시장·특별자치시장·도지사·특별자치도지사(이하 "시·도지사"라 한다) 또는 시장·군수·구청장(자치구의 구청장을 말하며, 이하 "시장·군수·구청장"이라 한다)은 집합건물의 효율적인 관리와 주민의 복리증진을 위하여 필요하다고 인정하는 경우에는 전유부분이 50개 이상인 건물의 관리인에게 다음 각 호의 사항을 보고하게 하거나 관련 자료의 제출을 명할 수 있다.
1. 제17조의2제2항에 따른 수선적립금의 징수·적립·사용 등에 관한 사항
2. 제24조에 따른 관리인의 선임·해임에 관한 사항
3. 제26조제1항에 따른 보고와 같은 조 제2항에 따른 장부의 작성·보관 및 증빙서류의 보관에 관한 사항
4. 제26조의2제1항 또는 제3항에 따른 회계감사에 관한 사항
5. 제32조에 따른 정기 관리단집회의 소집에 관한 사항
6. 그 밖에 집합건물의 관리에 관한 감독을 위하여 필요한 사항으로서 대통령령으로 정하는 사항
② 제1항에 따른 명령의 절차 등 필요한 사항은 해당 지방자치단체의 조례로 정한다. [본조신설 2023. 3. 28.]

제27조 (관리단의 채무에 대한 구분소유자의 책임) ① 관리단이 그의 재산으로 채무를 전부 변제할 수 없는 경우에는 구분소유자는 제12조의 지분비율에 따라 관리단의 채무를 변제할 책임을 진다. 다만, 규약으로써 그 부담비율을 달리 정할 수 있다.
② 구분소유자의 특별승계인은 승계 전에 발생한 관리단의 채무에 관하여도 책임을 진다.

제5절 규약 및 집회

제28조 (규약) ① 건물과 대지 또는 부속시설의 관리 또는 사용에 관한 구분소유자들 사이의 사항 중 이 법에서 규정하지 아니한 사항은 규약으로써 정할 수 있다.
② 일부공용부분에 관한 사항으로서 구분소유자 전원에게 이해관계가 있지 아니한 사항은 구분소유자 전원의 규약에 따로 정하지 아니하면 일부공용부분을 공용하는 구분소유자의 규약으로써 정할 수 있다.
③ 제1항과 제2항의 경우에 구분소유자 외의 자의 권리를 침해하지 못한다.
④ 법무부장관은 이 법을 적용받는 건물과 대지 및 부속시설의 효율적이고 공정한 관리를 위하여 표준규약을 마련하여야 한다. 〈신설 2023. 3. 28.〉
⑤ 시·도지사는 제4항에 따른 표준규약을 참고하여 대통령령으로 정하는 바에 따라 지역별 표준규약을 마련하여 보급하여야 한다. 〈신설 2023. 3. 28.〉

제29조 (규약의 설정·변경·폐지) ① 규약의 설정·변경 및 폐지는 관리단집회에서 구분소유자의 4분의 3 이상 및 의결권의 4분의 3 이상의 찬성을 얻어서 한다. 이 경우 규약의 설정·변경 및 폐지가 일부 구분소유자의 권리에 특별한 영향을 미칠 때에는 그 구분소유자의 승낙을 받아야 한다.
② 제28조제2항에 규정한 사항에 관한 구분소유자 전원의 규약의 설정·변경 또는 폐지는 그 일부공용부분을 공용하는 구분소유자의 4분의 1을 초과하는 자 또는 의결권의 4분의 1을 초과하는 의결권을 가진 자가 반대할 때에는 할 수 없다.

제30조(규약의 보관 및 열람) ① 규약은 관리인 또는 구분소유자나 그 대리인으로서 건물을 사용하고 있는 자 중 1인이 보관하여야 한다.
② 제1항에 따라 규약을 보관할 구분소유자나 그 대리인은 규약에 다른 규정이 없으면 관리단집회의 결의로써 정한다.
③ 이해관계인은 제1항에 따라 규약을 보관하는 자에게 규약의 열람을 청구하거나 자기 비용으로 등본의 발급을 청구할 수 있다.

제31조(집회의 권한) 관리단의 사무는 이 법 또는 규약으로 관리인에게 위임한 사항 외에는 관리단집회의 결의에 따라 수행한다.

제32조(정기 관리단집회) 관리인은 매년 회계연도 종료 후 3개월 이내에 정기 관리단집회를 소집하여야 한다.

제33조(임시 관리단집회) ① 관리인은 필요하다고 인정할 때에는 관리단집회를 소집할 수 있다.
② 구분소유자의 5분의 1 이상이 회의의 목적 사항을 구체적으로 밝혀 관리단집회의 소집을 청구하면 관리인은 관리단집회를 소집하여야 한다. 이 정수는 규약으로 감경할 수 있다.
③ 제2항의 청구가 있은 후 1주일 내에 관리인이 청구일부터 2주일 이내의 날을 관리단집회일로 하는 소집통지 절차를 밟지 아니하면 소집을 청구한 구분소유자는 법원의 허가를 받아 관리단집회를 소집할 수 있다.
④ 관리인이 없는 경우에는 구분소유자의 5분의 1 이상은 관리단집회를 소집할 수 있다. 이 정수는 규약으로 감경할 수 있다.

제34조 (집회소집통지) ① 관리단집회를 소집하려면 관리단집회일 1주일 전에 회의의 목적사항을 구체적으로 밝혀 각 구분소유자에게 통지하여야 한다. 다만, 이 기간은 규약으로 달리 정할 수 있다.
② 전유부분을 여럿이 공유하는 경우에 제1항의 통지는 제37조제2항에 따라 정하여진 의결권을 행사할 자(그가 없을 때에는 공유자 중 1인)에게 통지하여야 한다.
③ 제1항의 통지는 구분소유자가 관리인에게 따로 통지장소를 제출하였으면 그 장소로 발송하고, 제출하지 아니하였으면 구분소유자가 소유하는 전유부분이 있는 장소로 발송한다. 이 경우 제1항의 통지는 통상적으로 도달할 시기에 도달한 것으로 본다.
④ 건물 내에 주소를 가지는 구분소유자 또는 제3항의 통지장소를 제출하지 아니한 구분소유자에 대한 제1항의 통지는 건물 내의 적당한 장소에 게시함으로써 소집통지를 갈음할 수 있음을 규약으로 정할 수 있다. 이 경우 제1항의 통지는 게시한 때에 도달한 것으로 본다.
⑤ 회의의 목적사항이 제15조제1항, 제29조제1항, 제47조제1항 및 제50조제4항인 경우에는 그 통지에 그 의안 및 계획의 내용을 적어야 한다.

제35조 (소집절차의 생략) 관리단집회는 구분소유자 전원이 동의하면 소집절차를 거치지 아니하고 소집할 수 있다.

제36조 (결의사항) ① 관리단집회는 제34조에 따라 통지한 사항에 관하여만 결의할 수 있다.
② 제1항의 규정은 이 법에 관리단집회의 결의에 관하여 특별한 정수가 규정된 사항을 제외하고는 규약으로 달리 정할 수 있다.
③ 제1항과 제2항은 제35조에 따른 관리단집회에 관하여는 적용하지 아니한다.

제37조 (의결권) ① 각 구분소유자의 의결권은 규약에 특별한 규정이 없으면 제12조에 규정된 지분비율에 따른다.
② 전유부분을 여럿이 공유하는 경우에는 공유자는 관리단집회에서 의결권을 행사할 1인을 정한다.
③ 구분소유자의 승낙을 받아 동일한 전유부분을 점유하는 자가 여럿인 경우에는 제16조제2항, 제24조제4항, 제26조의2제2항 또는 제26조의4제5항에 따라 해당 구분소유자의 의결권을 행사할 1인을 정하여야 한다.

제38조 (의결 방법) ① 관리단집회의 의사는 이 법 또는 규약에 특별한 규정이 없으면 구분소유자의 과반수 및 의결권의 과반수로써 의결한다.
② 의결권은 서면이나 전자적 방법(전자정보처리조직을 사용하거나 그 밖에 정보통신기술을 이용하는 방법으로서 대통령령으로 정하는 방법을 말한다. 이하 같다)으로 또는 대리인을 통하여 행사할 수 있다.
③ 제34조에 따른 관리단집회의 소집통지나 소집통지를 갈음하는 게시를 할 때에는 제2항에 따라 의결권을 행사할 수 있다는 내용과 구체적인 의결권 행사 방법을 명확히 밝혀야 한다.
④ 제1항부터 제3항까지에서 규정한 사항 외에 의결권 행사를 위하여 필요한 사항은 대통령령으로 정한다.

제39조 (집회의 의장과 의사록) ① 관리단집회의 의장은 관리인 또는 집회를 소집한 구분소유자 중 연장자가 된다. 다만, 규약에 특별한 규정이 있거나 관리단집회에서 다른 결의를 한 경우에는 그러하지 아니하다.
② 관리단집회의 의사에 관하여는 의사록을 작성하여야 한다.
③ 의사록에는 의사의 경과와 그 결과를 적고 의장과 구분소유자 2인 이상이 서명날인하여야 한다.
④ 의사록에 관하여는 제30조를 준용한다.

제40조 (점유자의 의견진술권) ① 구분소유자의 승낙을 받아 전유부분을 점유하는 자는 집회의 목적사항에 관하여 이해관계가 있는 경우에는 집회에 출석하여 의견을 진술할 수 있다.
② 제1항의 경우 집회를 소집하는 자는 제34조에 따라 소집통지를 한 후 지체 없이 집회의 일시, 장소 및 목적사항을 건물 내의 적당한 장소에 게시하여야 한다.

제41조 (서면 또는 전자적 방법에 의한 결의 등) ① 이 법 또는 규약에 따라 관리단집회에서 결의할 것으로 정한 사항에 관하여 구분소유자의 4분의 3 이상 및 의결권의 4분의 3 이상이 서면이나 전자적 방법 또는 서면과 전자적 방법으로 합의하면 관리단집회를 소집하여 결의한 것으로 본다. 〈개정 2023. 3. 28.〉
② 제1항에도 불구하고 다음 각 호의 경우에는 그 구분에 따른 의결정족수 요건을 갖추어 서면이나 전자적 방법 또는 서면과 전자적 방법으로 합의하면 관리단집회를 소집하여 결의한 것으로 본다. 〈신설 2023. 3. 28.〉
1. 제15조제1항제2호의 경우: 구분소유자의 과반수 및 의결권의 과반수
2. 제15조의2제1항 본문, 제47조제2항 본문 및 제50조제4항의 경우: 구분소유자의 5분의 4 이상 및 의결권의 5분의 4 이상
3. 제15조의2제1항 단서 및 제47조제2항 단서의 경우: 구분소유자의 3분의 2 이상 및 의결권의 3분의 2 이상
③ 구분소유자들은 미리 그들 중 1인을 대리인으로 정하여 관리단에 신고한 경우에는 그 대리인은 그 구분소유자들을 대리하여 관리단집회에 참석하거나 서면 또는 전자적 방법으로 의결권을 행사할 수 있다. 〈개정 2023. 3. 28.〉
④ 제1항 및 제2항의 서면 또는 전자적 방법으로 기록된 정보에 관하여는 제30조를 준용한다. 〈개정 2023. 3. 28.〉

제42조 (규약 및 집회의 결의의 효력) ① 규약 및 관리단집회의 결의는 구분소유자의 특별승계인에 대하여도 효력이 있다.
② 점유자는 구분소유자가 건물이나 대지 또는 부속시설의 사용과 관련하여 규약 또는 관리단집회의 결의에 따라 부담하는 의무와 동일한 의무를 진다.

제42조의2 (결의취소의 소) 구분소유자는 다음 각 호의 어느 하나에 해당하는 경우에는 집회 결의 사실을 안 날부터 6개월 이내에, 결의한 날부터 1년 이내에 결의취소의 소를 제기할 수 있다.
1. 집회의 소집 절차나 결의 방법이 법령 또는 규약에 위반되거나 현저하게 불공정한 경우
2. 결의 내용이 법령 또는 규약에 위배되는 경우

제6절 의무위반자에 대한 조치

제43조 (공동의 이익에 어긋나는 행위의 정지청구 등) ① 구분소유자가 제5조제1항의 행위를 한 경우 또는 그 행위를 할 우려가 있는 경우에는 관리인 또는 관리단집회의 결의로 지정된 구분소유자는 구분소유자 공동의 이익을 위하여 그 행위를 정지하거나 그 행위의 결과를 제거하거나 그 행위의 예방에 필요한 조치를 할 것을 청구할 수 있다.
② 제1항에 따른 소송의 제기는 관리단집회의 결의가 있어야 한다.
③ 점유자가 제5조제4항에서 준용하는 같은 조 제1항에 규정된 행위를 한 경우 또는 그 행위를 할 우려가 있는 경우에도 제1항과 제2항을 준용한다.

제44조 (사용금지의 청구) ① 제43조제1항의 경우에 제5조제1항에 규정된 행위로 구분소유자의 공동생활상의 장해가 현저하여 제43조제1항에 규정된 청구로는 그 장해를 제거하여 공용부분의 이용 확보나 구분소유자의 공동생활 유지를 도모함이 매우 곤란할 때에는 관리인 또는 관리단집회의 결의로 지정된 구분소유자는 관리단집회의 결의에 근거하여 소로써 적당한 기간 동안 해당 구분소유자의 전유부분 사용금지를 청구할 수 있다.
② 제1항의 청구는 구분소유자의 4분의 3 이상 및 의결권의 4분의 3 이상의 관리단집회 결의가 있어야 한다.
③ 제1항의 결의를 할 때에는 미리 해당 구분소유자에게 변명할 기회를 주어야 한다.

제45조(구분소유권의 경매) ① 구분소유자가 제5조제1항 및 제2항을 위반하거나 규약에서 정한 의무를 현저히 위반한 결과 공동생활을 유지하기 매우 곤란하게 된 경우에는 관리인 또는 관리단집회의 결의로 지정된 구분소유자는 해당 구분소유자의 전유부분 및 대지사용권의 경매를 명할 것을 법원에 청구할 수 있다.
② 제1항의 청구는 구분소유자의 4분의 3 이상 및 의결권의 4분의 3 이상의 관리단집회 결의가 있어야 한다.
③ 제2항의 결의를 할 때에는 미리 해당 구분소유자에게 변명할 기회를 주어야 한다.
④ 제1항의 청구에 따라 경매를 명한 재판이 확정되었을 때에는 그 청구를 한 자는 경매를 신청할 수 있다. 다만, 그 재판확정일부터 6개월이 지나면 그러하지 아니하다.
⑤ 제1항의 해당 구분소유자는 제4항 본문의 신청에 의한 경매에서 경락인이 되지 못한다.

제46조(전유부분의 점유자에 대한 인도청구) ① 점유자가 제45조제1항에 따른 의무위반을 한 결과 공동생활을 유지하기 매우 곤란하게 된 경우에는 관리인 또는 관리단집회의 결의로 지정된 구분소유자는 그 전유부분을 목적으로 하는 계약의 해제 및 그 전유부분의 인도를 청구할 수 있다.
② 제1항의 경우에는 제44조제2항 및 제3항을 준용한다.
③ 제1항에 따라 전유부분을 인도받은 자는 지체 없이 그 전유부분을 점유할 권원이 있는 자에게 인도하여야 한다.

제7절 재건축 및 복구

제47조(재건축 결의) ① 건물 건축 후 상당한 기간이 지나 건물이 훼손되거나 일부 멸실되거나 그 밖의 사정으로 건물 가격에 비하여 지나치게 많은 수리비·복구비나 관리비용이 드는 경우 또는 부근 토지의 이용 상황의 변화나 그 밖의 사정으로 건물을 재건축하면 재건축에 드는 비용에 비하여 현저하게 효용이 증가하게 되는 경우에 관리단집회는 그 건물을 철거하여 그 대지를 구분소유권의 목적이 될 새 건물의 대지로 이용할 것을 결의할 수 있다. 다만, 재건축의 내용이 단지 내 다른 건물의 구분소유자에게 특별한 영향을 미칠 때에는 그 구분소유자의 승낙을 받아야 한다.

② 제1항의 결의는 구분소유자의 5분의 4 이상 및 의결권의 5분의 4 이상의 결의에 따른다. 다만, 「관광진흥법」 제3조제1항제2호나목에 따른 휴양 콘도미니엄업의 운영을 위한 휴양 콘도미니엄의 재건축 결의는 구분소유자의 3분의 2 이상 및 의결권의 3분의 2 이상의 결의에 따른다. 〈개정 2023. 3. 28.〉

③ 재건축을 결의할 때에는 다음 각 호의 사항을 정하여야 한다.
1. 새 건물의 설계 개요
2. 건물의 철거 및 새 건물의 건축에 드는 비용을 개략적으로 산정한 금액
3. 제2호에 규정된 비용의 분담에 관한 사항
4. 새 건물의 구분소유권 귀속에 관한 사항

④ 제3항제3호 및 제4호의 사항은 각 구분소유자 사이에 형평이 유지되도록 정하여야 한다.

⑤ 제1항의 결의를 위한 관리단집회의 의사록에는 결의에 대한 각 구분소유자의 찬반 의사를 적어야 한다.

제48조 (구분소유권 등의 매도청구 등) ① 재건축의 결의가 있으면 집회를 소집한 자는 지체 없이 그 결의에 찬성하지 아니한 구분소유자(그의 승계인을 포함한다)에 대하여 그 결의 내용에 따른 재건축에 참가할 것인지 여부를 회답할 것을 서면으로 촉구하여야 한다.
② 제1항의 촉구를 받은 구분소유자는 촉구를 받은 날부터 2개월 이내에 회답하여야 한다.
③ 제2항의 기간 내에 회답하지 아니한 경우 그 구분소유자는 재건축에 참가하지 아니하겠다는 뜻을 회답한 것으로 본다.
④ 제2항의 기간이 지나면 재건축 결의에 찬성한 각 구분소유자, 재건축 결의 내용에 따른 재건축에 참가할 뜻을 회답한 각 구분소유자(그의 승계인을 포함한다) 또는 이들 전원의 합의에 따라 구분소유권과 대지사용권을 매수하도록 지정된 자(이하 "매수지정자"라 한다)는 제2항의 기간 만료일부터 2개월 이내에 재건축에 참가하지 아니하겠다는 뜻을 회답한 구분소유자(그의 승계인을 포함한다)에게 구분소유권과 대지사용권을 시가로 매도할 것을 청구할 수 있다. 재건축 결의가 있은 후에 이 구분소유자로부터 대지사용권만을 취득한 자의 대지사용권에 대하여도 또한 같다.
⑤ 제4항에 따른 청구가 있는 경우에 재건축에 참가하지 아니하겠다는 뜻을 회답한 구분소유자가 건물을 명도하면 생활에 현저한 어려움을 겪을 우려가 있고 재건축의 수행에 큰 영향이 없을 때에는 법원은 그 구분소유자의 청구에 의하여 대금 지급일 또는 제공일부터 1년을 초과하지 아니하는 범위에서 건물 명도에 대하여 적당한 기간을 허락할 수 있다.
⑥ 재건축 결의일부터 2년 이내에 건물 철거공사가 착수되지 아니한 경우에는 제4항에 따라 구분소유권이나 대지사용권을 매도한 자는 이 기간이 만료된 날부터 6개월 이내에 매수인이 지급한 대금에 상당하는 금액을 그 구분소유권이나 대지사용권을 가지고 있는 자에게 제공하고 이들의 권리를 매도할 것을 청구할 수 있다. 다만, 건물 철거공사가 착수되지 아니한 타당한 이유가 있을 경우에는 그러하지 아니하다.

⑦ 제6항 단서에 따른 건물 철거공사가 착수되지 아니한 타당한 이유가 없어진 날부터 6개월 이내에 공사에 착수하지 아니하는 경우에는 제6항 본문을 준용한다. 이 경우 같은 항 본문 중 "이 기간이 만료된 날부터 6개월 이내에"는 "건물 철거공사가 착수되지 아니한 타당한 이유가 없어진 것을 안 날부터 6개월 또는 그 이유가 없어진 날부터 2년 중 빠른 날까지"로 본다.

제49조 (재건축에 관한 합의) 재건축 결의에 찬성한 각 구분소유자, 재건축 결의 내용에 따른 재건축에 참가할 뜻을 회답한 각 구분소유자 및 구분소유권 또는 대지사용권을 매수한 각 매수지정자(이들의 승계인을 포함한다)는 재건축 결의 내용에 따른 재건축에 합의한 것으로 본다.

제50조 (건물이 일부 멸실된 경우의 복구) ① 건물가격의 2분의 1 이하에 상당하는 건물 부분이 멸실되었을 때에는 각 구분소유자는 멸실한 공용부분과 자기의 전유부분을 복구할 수 있다. 다만, 공용부분의 복구에 착수하기 전에 제47조제1항의 결의나 공용부분의 복구에 대한 결의가 있는 경우에는 그러하지 아니하다.
② 제1항에 따라 공용부분을 복구한 자는 다른 구분소유자에게 제12조의 지분비율에 따라 복구에 든 비용의 상환을 청구할 수 있다.
③ 제1항 및 제2항의 규정은 규약으로 달리 정할 수 있다.
④ 건물이 일부 멸실된 경우로서 제1항 본문의 경우를 제외한 경우에 관리단집회는 구분소유자의 5분의 4 이상 및 의결권의 5분의 4 이상으로 멸실한 공용부분을 복구할 것을 결의할 수 있다.
⑤ 제4항의 결의가 있는 경우에는 제47조제5항을 준용한다.
⑥ 제4항의 결의가 있을 때에는 그 결의에 찬성한 구분소유자(그의 승계인을 포함한다) 외의 구분소유자는 결의에 찬성한 구분소유자(그의 승계인을 포함한다)에게 건물 및 그 대지에 관한 권리를 시가로 매수할 것을 청구할

⑦ 제4항의 경우에 건물 일부가 멸실한 날부터 6개월 이내에 같은 항 또는 제47조제1항의 결의가 없을 때에는 각 구분소유자는 다른 구분소유자에게 건물 및 그 대지에 관한 권리를 시가로 매수할 것을 청구할 수 있다.

⑧ 법원은 제2항, 제6항 및 제7항의 경우에 상환 또는 매수청구를 받은 구분소유자의 청구에 의하여 상환금 또는 대금의 지급에 관하여 적당한 기간을 허락할 수 있다.

제2장 단지

제51조 (단지관리단) ① 한 단지에 여러 동의 건물이 있고 그 단지 내의 토지 또는 부속시설(이들에 관한 권리를 포함한다)이 그 건물 소유자(전유부분이 있는 건물에서는 구분소유자를 말한다)의 공동소유에 속하는 경우에는 이들 소유자는 그 단지 내의 토지 또는 부속시설을 관리하기 위한 단체를 구성하여 이 법에서 정하는 바에 따라 집회를 개최하고 규약을 정하며 관리인을 둘 수 있다.
② 한 단지에 여러 동의 건물이 있고 단지 내의 토지 또는 부속시설(이들에 관한 권리를 포함한다)이 그 건물 소유자(전유부분이 있는 건물에서는 구분소유자를 말한다) 중 일부의 공동소유에 속하는 경우에는 이들 소유자는 그 단지 내의 토지 또는 부속시설을 관리하기 위한 단체를 구성하여 이 법에서 정하는 바에 따라 집회를 개최하고 규약을 정하며 관리인을 둘 수 있다.
③ 제1항의 단지관리단은 단지관리단의 구성원이 속하는 각 관리단의 사업의 전부 또는 일부를 그 사업 목적으로 할 수 있다. 이 경우 각 관리단의 구성원의 4분의 3 이상 및 의결권의 4분의 3 이상에 의한 관리단집회의 결의가 있어야 한다.

제52조 (단지에 대한 준용) 제51조의 경우에는 제3조, 제23조의2, 제24조, 제24조의2, 제25조, 제26조, 제26조의2부터 제26조의5까지, 제27조부터 제42조까지 및 제42조의2를 준용한다. 이 경우 전유부분이 없는 건물은 해당 건물의 수를 전유부분의 수로 한다. 〈개정 2023. 3. 28.〉

제2장의2 집합건물분쟁조정위원회

제52조의2 (집합건물분쟁조정위원회) ① 이 법을 적용받는 건물과 관련된 분쟁을 심의·조정하기 위하여 특별시·광역시·특별자치시·도 또는 특별자치도(이하 "시·도"라 한다)에 집합건물분쟁조정위원회(이하 "조정위원회"라 한다)를 둔다.
② 조정위원회는 분쟁 당사자의 신청에 따라 다음 각 호의 분쟁(이하 "집합건물분쟁"이라 한다)을 심의·조정한다.
1. 이 법을 적용받는 건물의 하자에 관한 분쟁. 다만, 「공동주택관리법」 제36조 및 제37조에 따른 공동주택의 담보책임 및 하자보수 등과 관련된 분쟁은 제외한다.
2. 관리인·관리위원의 선임·해임 또는 관리단·관리위원회의 구성·운영에 관한 분쟁
3. 공용부분의 보존·관리 또는 변경에 관한 분쟁
4. 관리비의 징수·관리 및 사용에 관한 분쟁
5. 규약의 제정·개정에 관한 분쟁
6. 재건축과 관련된 철거, 비용분담 및 구분소유권 귀속에 관한 분쟁
6의2. 소음·진동·악취 등 공동생활과 관련된 분쟁
7. 그 밖에 이 법을 적용받는 건물과 관련된 분쟁으로서 대통령령으로 정한 분쟁

제52조의3 (조정위원회의 구성과 운영) ① 조정위원회는 위원장 1명과 부위원장 1명을 포함한 10명 이내의 위원으로 구성한다.
② 조정위원회의 위원은 집합건물분쟁에 관한 법률지식과 경험이 풍부한 사람으로서 다음 각 호의 어느 하나에 해당하는 사람 중에서 시·도지사가 임명하거나 위촉한다. 이 경우 제1호 및 제2호에 해당하는 사람이 각각 2명 이상 포함되어야 한다.

1. 법학 또는 조정·중재 등의 분쟁조정 관련 학문을 전공한 사람으로서 대학에서 조교수 이상으로 3년 이상 재직한 사람
2. 변호사 자격이 있는 사람으로서 3년 이상 법률에 관한 사무에 종사한 사람
3. 건설공사, 하자감정 또는 공동주택관리에 관한 전문적 지식을 갖춘 사람으로서 해당 업무에 3년 이상 종사한 사람
4. 해당 시·도 소속 5급 이상 공무원으로서 관련 업무에 3년 이상 종사한 사람
③ 조정위원회의 위원장은 해당 시·도지사가 위원 중에서 임명하거나 위촉한다.
④ 조정위원회에는 분쟁을 효율적으로 심의·조정하기 위하여 3명 이내의 위원으로 구성되는 소위원회를 둘 수 있다. 이 경우 소위원회에는 제2항제1호 및 제2호에 해당하는 사람이 각각 1명 이상 포함되어야 한다.
⑤ 조정위원회는 재적위원 과반수의 출석과 출석위원 과반수의 찬성으로 의결하며, 소위원회는 재적위원 전원 출석과 출석위원 과반수의 찬성으로 의결한다.
⑥ 제1항부터 제5항까지에서 규정한 사항 외에 조정위원회와 소위원회의 구성 및 운영에 필요한 사항과 조정 절차에 관한 사항은 대통령령으로 정한다.

제52조의4 (위원의 제척 등) ① 조정위원회의 위원이 다음 각 호의 어느 하나에 해당하는 경우에는 그 사건의 심의·조정에서 제척된다.
1. 위원 또는 그 배우자나 배우자이었던 사람이 해당 집합건물분쟁의 당사자가 되거나 그 집합건물분쟁에 관하여 당사자와 공동권리자 또는 공동의무자의 관계에 있는 경우
2. 위원이 해당 집합건물분쟁의 당사자와 친족이거나 친족이었던 경우
3. 위원이 해당 집합건물분쟁에 관하여 진술이나 감정을 한 경우
4. 위원이 해당 집합건물분쟁에 당사자의 대리인으로서 관여한 경우
5. 위원이 해당 집합건물분쟁의 원인이 된 처분이나 부작위에 관여한 경우

② 조정위원회는 위원에게 제1항의 제척 원인이 있는 경우에는 직권이나 당사자의 신청에 따라 제척의 결정을 한다.
③ 당사자는 위원에게 공정한 직무집행을 기대하기 어려운 사정이 있으면 조정위원회에 해당 위원에 대한 기피신청을 할 수 있다.
④ 위원은 제1항 또는 제3항의 사유에 해당하면 스스로 그 집합건물분쟁의 심의·조정을 회피할 수 있다.

제52조의5 (분쟁조정신청과 통지 등) ① 조정위원회는 당사자 일방으로부터 분쟁의 조정신청을 받은 경우에는 지체 없이 그 신청내용을 상대방에게 통지하여야 한다.
② 제1항에 따라 통지를 받은 상대방은 그 통지를 받은 날부터 7일 이내에 조정에 응할 것인지에 관한 의사를 조정위원회에 통지하여야 한다.
③ 제1항에 따라 분쟁의 조정신청을 받은 조정위원회는 분쟁의 성질 등 조정에 적합하지 아니한 사유가 있다고 인정하는 경우에는 해당 조정의 불개시 결정을 할 수 있다. 이 경우 조정의 불개시 결정 사실과 그 사유를 당사자에게 통보하여야 한다.

제52조의6 (조정의 절차) ① 조정위원회는 제52조의5제1항에 따른 조정신청을 받으면 같은 조 제2항에 따른 조정 불응 또는 같은 조 제3항에 따른 조정의 불개시 결정이 있는 경우를 제외하고는 지체 없이 조정 절차를 개시하여야 하며, 신청을 받은 날부터 60일 이내에 그 절차를 마쳐야 한다.
② 조정위원회는 제1항의 기간 내에 조정을 마칠 수 없는 경우에는 조정위원회의 의결로 그 기간을 30일의 범위에서 한 차례만 연장할 수 있다. 이 경우 그 사유와 기한을 분명히 밝혀 당사자에게 서면으로 통지하여야 한다.
③ 조정위원회는 제1항에 따른 조정의 절차를 개시하기 전에 이해관계인 등의 의견을 들을 수 있다.

④ 조정위원회는 제1항에 따른 절차를 마쳤을 때에는 조정안을 작성하여 지체 없이 각 당사자에게 제시하여야 한다.
⑤ 제4항에 따른 조정안을 제시받은 당사자는 제시받은 날부터 14일 이내에 조정안의 수락 여부를 조정위원회에 통보하여야 한다. 이 경우 당사자가 그 기간 내에 조정안에 대한 수락 여부를 통보하지 아니한 경우에는 조정안을 수락한 것으로 본다.

제52조의7 (출석 및 자료제출 요구) ① 조정위원회는 조정을 위하여 필요하다고 인정하는 경우 분쟁당사자, 분쟁 관련 이해관계인 또는 참고인에게 출석하여 진술하게 하거나 조정에 필요한 자료나 물건 등을 제출하도록 요구할 수 있다.
② 조정위원회는 해당 조정업무에 참고하기 위하여 시·도지사 및 관련기관에 해당 분쟁과 관련된 자료를 요청할 수 있다.

제52조의8 (조정의 중지 등) ① 조정위원회는 당사자가 제52조의5제2항에 따라 조정에 응하지 아니할 의사를 통지하거나 제52조의6제5항에 따라 조정안을 거부한 경우에는 조정을 중지하고 그 사실을 상대방에게 서면으로 통보하여야 한다.
② 조정위원회는 당사자 중 일방이 소를 제기한 경우에는 조정을 중지하고 그 사실을 상대방에게 통보하여야 한다.
③ 조정위원회는 법원에 소송계속 중인 당사자 중 일방이 조정을 신청한 때에는 해당 조정 신청을 결정으로 각하하여야 한다.

제52조의9 (조정의 효력) ① 당사자가 제52조의6제5항에 따라 조정안을 수락하면 조정위원회는 지체 없이 조정서 3부를 작성하여 위원장 및 각 당사자로 하여금 조정서에 서명날인하게 하여야 한다.
② 제1항의 경우 당사자 간에 조정서와 같은 내용의 합의가 성립된 것으로 본다.

제52조의10 (하자 등의 감정) ① 조정위원회는 당사자의 신청으로 또는 당사자와 협의하여 대통령령으로 정하는 안전진단기관, 하자감정전문기관 등에 하자진단 또는 하자감정 등을 요청할 수 있다.
② 조정위원회는 당사자의 신청으로 또는 당사자와 협의하여 「공동주택관리법」 제39조에 따른 하자심사·분쟁조정위원회에 하자판정을 요청할 수 있다.
③ 제1항 및 제2항에 따른 비용은 대통령령으로 정하는 바에 따라 당사자가 부담한다.

제3장 구분건물의 건축물대장

제53조 (건축물대장의 편성) ① 소관청은 이 법을 적용받는 건물에 대하여는 이 법에서 정하는 건축물대장과 건물의 도면 및 각 층의 평면도를 갖추어 두어야 한다.
② 대장은 1동의 건물을 표시할 용지와 그 1동의 건물에 속하는 전유부분의 건물을 표시할 용지로 편성한다.
③ 1동의 건물에 대하여는 각 1용지를 사용하고 전유부분의 건물에 대하여는 구분한 건물마다 1용지를 사용한다.
④ 1동의 건물에 속하는 구분한 건물의 대장은 1책에 편철하고 1동의 건물을 표시할 용지 다음에 구분한 건물을 표시할 용지를 편철한다.
⑤ 제4항의 경우에 편철한 용지가 너무 많을 때에는 여러 책으로 나누어 편철할 수 있다.

제54조 (건축물대장의 등록사항) ① 1동의 건물을 표시할 용지에는 다음 각 호의 사항을 등록하여야 한다.
1. 1동의 건물의 소재지와 지번
2. 1동의 건물에 번호가 있을 때에는 그 번호
3. 1동의 건물의 구조와 면적
4. 1동의 건물에 속하는 전유부분의 번호
5. 그 밖에 국토교통부령으로 정하는 사항
② 전유부분을 표시할 용지에는 다음 각 호의 사항을 등록하여야 한다.
1. 전유부분의 번호
2. 전유부분이 속하는 1동의 건물의 번호
3. 전유부분의 종류, 구조와 면적
4. 부속건물이 있을 때에는 부속건물의 종류, 구조, 면적

5. 소유자의 성명 또는 명칭과 주소 또는 사무소. 이 경우 소유자가 둘 이상일 때에는 그 지분
6. 그 밖에 국토교통부령으로 정하는 사항
③ 제2항제4호의 경우에 부속건물이 그 전유부분과 다른 별채의 건물이거나 별채인 1동의 건물을 구분한 것일 때에는 그 1동의 건물의 소재지, 지번, 번호, 종류, 구조 및 면적을 등록하여야 한다.
④ 제3항의 경우에 건물의 표시 및 소유자의 표시에 관한 사항을 등록할 때에는 원인 및 그 연월일과 등록연월일을 적어야 한다.
⑤ 제3조제2항 및 제3항에 따른 공용부분의 등록에 관하여는 제2항과 제4항을 준용한다. 이 경우 그 건물의 표시란에 공용부분이라는 취지를 등록한다.
⑥ 구분점포의 경우에는 전유부분 용지의 구조란에 경계벽이 없다는 뜻을 적어야 한다.

제55조(건축물대장의 등록절차) 건축물대장의 등록은 소유자 등의 신청이나 소관청의 조사결정에 의한다.

제56조(건축물대장의 신규 등록신청) ① 이 법을 적용받는 건물을 신축한 자는 1개월 이내에 1동의 건물에 속하는 전유부분 전부에 대하여 동시에 건축물대장 등록신청을 하여야 한다.
② 제1항의 신청서에는 제54조에 규정된 사항을 적고 건물의 도면, 각 층의 평면도(구분점포의 경우에는 「건축사법」 제23조에 따라 신고한 건축사 또는 「공간정보의 구축 및 관리 등에 관한 법률」 제39조제2항에서 정한 측량기술자가 구분점포의 경계표지에 관한 측량성과를 적어 작성한 평면도를 말한다)와 신청인의 소유임을 증명하는 서면을 첨부하여야 하며, 신청서에 적은 사항 중 규약이나 규약에 상당하는 공정증서로써 정한 것이 있는 경우에는 그 규약이나 공정증서를 첨부하여야 한다.

③ 이 법을 적용받지 아니하던 건물이 구분, 신축 등으로 인하여 이 법을 적용받게 된 경우에는 제1항과 제2항을 준용한다.
④ 제3항의 경우에 건물 소유자는 다른 건물의 소유자를 대위하여 제1항의 신청을 할 수 있다.

제57조(건축물대장의 변경등록신청) ① 건축물대장에 등록한 사항이 변경된 경우에는 소유자는 1개월 이내에 변경등록신청을 하여야 한다.
② 1동의 건물을 표시할 사항과 공용부분의 표시에 관한 사항의 변경등록은 전유부분 소유자 중 1인 또는 여럿이 제1항의 기간까지 신청할 수 있다.
③ 제1항 및 제2항의 신청서에는 변경된 사항과 1동의 건물을 표시하기에 충분한 사항을 적고 그 변경을 증명하는 서면을 첨부하여야 하며 건물의 소재지, 구조, 면적이 변경되거나 부속건물을 신축한 경우에는 건물도면 또는 각 층의 평면도도 첨부하여야 한다.
④ 구분점포는 제1조의2제1항제1호의 용도 외의 다른 용도로 변경할 수 없다.

제58조(신청의무의 승계) 소유자가 변경된 경우에는 전 소유자가 하여야 할 제56조와 제57조제1항의 등록신청은 소유자가 변경된 날부터 1개월 이내에 새로운 소유자가 하여야 한다.

제59조(소관청의 직권조사) ① 소관청은 제56조 또는 제57조의 신청을 받아 또는 직권으로 건축물대장에 등록할 때에는 소속 공무원에게 건물의 표시에 관한 사항을 조사하게 할 수 있다.
② 소관청은 구분점포에 관하여 제56조 또는 제57조의 신청을 받으면 신청 내용이 제1조의2제1항 각 호의 요건을 충족하는지와 건축물의 실제 현황과

일치하는지를 조사하여야 한다.
③ 제1항 및 제2항의 조사를 하는 경우 해당 공무원은 일출 후 일몰 전까지 그 건물에 출입할 수 있으며, 점유자나 그 밖의 이해관계인에게 질문하거나 문서의 제시를 요구할 수 있다. 이 경우 관계인에게 그 신분을 증명하는 증표를 보여주어야 한다.

제60조(조사 후 처리) ① 제56조의 경우에 소관청은 관계 공무원의 조사 결과 그 신고 내용이 부당하다고 인정할 때에는 그 취지를 적어 정정할 것을 명하고, 그 신고 내용을 정정하여도 그 건물의 상황이 제1조 또는 제1조의2의 규정에 맞지 아니하다고 인정할 때에는 그 등록을 거부하고 그 건물 전체를 하나의 건물로 하여 일반건축물대장에 등록하여야 한다.
② 제1항의 경우에는 일반건축물대장에 등록한 날부터 7일 이내에 신고인에게 그 등록거부 사유를 서면으로 통지하여야 한다.

제61조 삭제

제62조 삭제

제63조 삭제

제64조 삭제

제4장 벌칙

제65조 (벌금) ① 제1조의2제1항에서 정한 경계표지 또는 건물번호표지를 파손, 이동 또는 제거하거나 그 밖의 방법으로 경계를 알아볼 수 없게 한 사람은 3년 이하의 징역 또는 1천만원 이하의 벌금에 처한다.
② 건축사 또는 측량기술자가 제56조제2항에서 정한 평면도에 측량성과를 사실과 다르게 적었을 때에는 2년 이하의 징역 또는 500만원 이하의 벌금에 처한다.

제66조 (과태료) ① 다음 각 호의 어느 하나에 해당하는 자에게는 500만원 이하의 과태료를 부과한다.
1. 제26조의2제1항 또는 제3항(제52조에서 준용하는 경우를 포함한다)에 따른 회계감사를 받지 아니하거나 부정한 방법으로 받은 자
2. 제26조의2제6항(제52조에서 준용하는 경우를 포함한다)을 위반하여 회계감사를 방해하는 등 같은 항 각 호의 어느 하나에 해당하는 행위를 한 자
② 다음 각 호의 어느 하나에 해당하는 자에게는 300만원 이하의 과태료를 부과한다. 〈개정 2023. 3. 28.〉
1. 제26조의2제4항(제52조에서 준용하는 경우를 포함한다)을 위반하여 회계감사 결과를 보고하지 아니하거나 거짓으로 보고한 자
<u>1의2.</u> 제26조의5제1항(제52조에서 준용하는 경우를 포함한다)에 따른 보고 또는 자료 제출 명령을 위반한 자
2. 제59조제1항에 따른 조사를 거부·방해 또는 기피한 자
3. 제59조제3항에 따른 질문 및 문서 제시 요구에 응하지 아니하거나 거짓으로 응한 자
③ 다음 각 호의 어느 하나에 해당하는 자에게는 200만원 이하의 과태료를 부과한다.

1. 제9조의3제3항을 위반하여 통지를 하지 아니한 자
2. 제9조의3제4항을 위반하여 관리단집회를 소집하지 아니한 자
3. 제24조제6항(제52조에서 준용하는 경우를 포함한다)에 따른 신고를 하지 아니한 자
4. 제26조제1항(제52조에서 준용하는 경우를 포함한다)을 위반하여 보고를 하지 아니하거나 거짓으로 보고한 자
4의2. 제26조제2항(제52조에서 준용하는 경우를 포함한다)을 위반하여 장부 또는 증빙서류를 작성·보관하지 아니하거나 거짓으로 작성한 자
4의3. 제26조제3항 각 호 외의 부분 후단(제52조에서 준용하는 경우를 포함한다)을 위반하여 정당한 사유 없이 제26조제1항에 따른 보고 자료 또는 같은 조 제2항에 따른 장부나 증빙서류에 대한 열람 청구 또는 등본의 교부 청구에 응하지 아니하거나 거짓으로 응한 자
5. 제30조제1항, 제39조제4항, 제41조제3항(이들 규정을 제52조에서 준용하는 경우를 포함한다)을 위반하여 규약, 의사록 또는 서면(전자적 방법으로 기록된 정보를 포함한다)을 보관하지 아니한 자
6. 제30조제3항, 제39조제4항, 제41조제3항(이들 규정을 제52조에서 준용하는 경우를 포함한다)을 위반하여 정당한 사유 없이 규약, 의사록 또는 서면(전자적 방법으로 기록된 정보를 포함한다)의 열람이나 등본의 발급청구를 거부한 자
7. 제39조제2항 및 제3항(이들 규정을 제52조에서 준용하는 경우를 포함한다)을 위반하여 의사록을 작성하지 아니하거나 의사록에 적어야 할 사항을 적지 아니하거나 거짓으로 적은 자
8. 제56조제1항, 제57조제1항, 제58조에 따른 등록신청을 게을리 한 자
④ 제1항부터 제3항까지의 규정에 따른 과태료는 대통령령으로 정하는 바에 따라 소관청(제2항제1호의2의 경우에는 시·도지사 또는 시장·군수·구청장을 말한다)이 부과·징수한다. 〈개정 2023. 3. 28.〉

부동산 실권리자명의 등기에 관한 법률

제1조(목적) 이 법은 부동산에 관한 소유권과 그 밖의 물권을 실체적 권리관계와 일치하도록 실권리자 명의로 등기하게 함으로써 부동산등기제도를 악용한 투기·탈세·탈법행위 등 반사회적 행위를 방지하고 부동산 거래의 정상화와 부동산 가격의 안정을 도모하여 국민경제의 건전한 발전에 이바지함을 목적으로 한다.

제2조(정의) 이 법에서 사용하는 용어의 뜻은 다음과 같다.
1. "명의신탁약정"이란 부동산에 관한 소유권이나 그 밖의 물권(이하 "부동산에 관한 물권"이라 한다)을 보유한 자 또는 사실상 취득하거나 취득하려고 하는 자[이하 "실권리자"라 한다]가 타인과의 사이에서 대내적으로는 실권리자가 부동산에 관한 물권을 보유하거나 보유하기로 하고 그에 관한 등기(가등기를 포함한다. 이하 같다)는 그 타인의 명의로 하기로 하는 약정[위임·위탁매매의 형식에 의하거나 추인에 의한 경우를 포함한다]을 말한다. 다만, 다음 각 목의 경우는 제외한다.
가. 채무의 변제를 담보하기 위하여 채권자가 부동산에 관한 물권을 이전받거나 가등기하는 경우
나. 부동산의 위치와 면적을 특정하여 2인 이상이 구분소유하기로 하는 약정을 하고 그 구분소유자의 공유로 등기하는 경우
다. 「신탁법」 또는 「자본시장과 금융투자업에 관한 법률」에 따른 신탁재산인 사실을 등기한 경우
2. "명의신탁자"란 명의신탁약정에 따라 자신의 부동산에 관한 물권을 타인의 명의로 등기하게 하는 실권리자를 말한다.
3. "명의수탁자"란 명의신탁약정에 따라 실권리자의 부동산에 관한 물권을 자신의 명의로 등기하는 자를 말한다.

4. "실명등기"란 법률 제4944호 부동산실권리자명의등기에관한법률 시행 전에 명의신탁약정에 따라 명의수탁자의 명의로 등기된 부동산에 관한 물권을 법률 제4944호 부동산실권리자명의등기에관한법률 시행일 이후 명의신탁자의 명의로 등기하는 것을 말한다.

제3조 (실권리자명의 등기의무 등) ① 누구든지 부동산에 관한 물권을 명의신탁약정에 따라 명의수탁자의 명의로 등기하여서는 아니 된다.
② 채무의 변제를 담보하기 위하여 채권자가 부동산에 관한 물권을 이전받는 경우에는 채무자, 채권금액 및 채무변제를 위한 담보라는 뜻이 적힌 서면을 등기신청서와 함께 등기관에게 제출하여야 한다.

제4조 (명의신탁약정의 효력) ① 명의신탁약정은 무효로 한다.
② 명의신탁약정에 따른 등기로 이루어진 부동산에 관한 물권변동은 무효로 한다. 다만, 부동산에 관한 물권을 취득하기 위한 계약에서 명의수탁자가 어느 한쪽 당사자가 되고 상대방 당사자는 명의신탁약정이 있다는 사실을 알지 못한 경우에는 그러하지 아니하다.
③ 제1항 및 제2항의 무효는 제3자에게 대항하지 못한다.

> **논점 정리** **명의신탁약정은 원칙이 유효이다.**

ⓐ 판례의 태도 : 명의신탁약정에 관하여 유효라는 견해와 무효라는 견해가 있었지만, 판례는 일관되게 신탁행위의 법리에 따라 유효하다는 입장이다.

> **논점 정리** **부동산에 관한 소유권과 그 밖의 물권**

ⓑ 부동산 실권리자명의 등기에 관한 법률(이하 부실법이라 한다) : 부실법이 시행되면서 부동산에 관한 명의신탁만큼은 예외적으로 무효가 되었다.

> **논점 정리** **부동산이지만 부실법이 적용되지 않는 경우**

ⓒ 부동산 외 : 자동차 구입, 주식의 인수, 사업허가명의 등의 경우에 명의신탁은 유효이다.

ⓓ 부동산 : 부동산 중에서도 부실법이 적용되지 않는 범위 내에서는 명의신탁은 유효이다.

제5조 (과징금) ① 다음 각 호의 어느 하나에 해당하는 자에게는 해당 부동산 가액(가액)의 100분의 30에 해당하는 금액의 범위에서 과징금을 부과한다.
1. 제3조제1항을 위반한 명의신탁자
2. 제3조제2항을 위반한 채권자 및 같은 항에 따른 서면에 채무자를 거짓으로 적어 제출하게 한 실채무자
② 제1항의 부동산 가액은 과징금을 부과하는 날 현재의 다음 각 호의 가액에 따른다. 다만, 제3조제1항 또는 제11조제1항을 위반한 자가 과징금을 부과받은 날 이미 명의신탁관계를 종료하였거나 실명등기를 하였을 때에는 명의신탁관계 종료 시점 또는 실명등기 시점의 부동산 가액으로 한다.
1. 소유권의 경우에는 「소득세법」 제99조에 따른 기준시가
2. 소유권 외의 물권의 경우에는 「상속세 및 증여세법」 제61조제5항 및 제66조에 따라 대통령령으로 정하는 방법으로 평가한 금액

③ 제1항에 따른 과징금의 부과기준은 제2항에 따른 부동산 가액(이하 "부동산평가액"이라 한다), 제3조를 위반한 기간, 조세를 포탈하거나 법령에 따른 제한을 회피할 목적으로 위반하였는지 여부 등을 고려하여 대통령령으로 정한다.
④ 제1항에 따른 과징금이 대통령령으로 정하는 금액을 초과하는 경우에는 그 초과하는 부분은 대통령령으로 정하는 바에 따라 물납할 수 있다.
⑤ 제1항에 따른 과징금은 해당 부동산의 소재지를 관할하는 특별자치도지사·특별자치시장·시장·군수 또는 구청장이 부과·징수한다. 이 경우 과징금은 위반사실이 확인된 후 지체 없이 부과하여야 한다.
⑥ 제1항에 따른 과징금을 납부기한까지 내지 아니하면 「지방행정제재·부과금의 징수 등에 관한 법률」에 따라 징수한다.
⑦ 제1항에 따른 과징금의 부과 및 징수 등에 필요한 사항은 대통령령으로 정한다.

제5조의2 (과징금 납부기한의 연장 및 분할 납부) ① 특별자치도지사·특별자치시장·시장·군수 또는 구청장은 제5조제1항에 따른 과징금을 부과받은 자(이하 이 조에서 "과징금 납부의무자"라 한다)가 과징금의 금액이 대통령령으로 정하는 기준을 초과하는 경우로서 다음 각 호의 어느 하나에 해당하여 과징금의 전액을 일시에 납부하기가 어렵다고 인정할 때에는 그 납부기한을 연장하거나 분할 납부하게 할 수 있다. 이 경우 필요하다고 인정할 때에는 대통령령으로 정하는 바에 따라 담보를 제공하게 할 수 있다.
1. 재해 또는 도난 등으로 재산에 현저한 손실을 입은 경우
2. 사업 여건의 악화로 사업이 중대한 위기에 처한 경우
3. 과징금을 일시에 내면 자금사정에 현저한 어려움이 예상되는 경우
4. 과징금 납부의무자 또는 동거 가족이 질병이나 중상해로 장기 치료가 필요한 경우
5. 그 밖에 제1호부터 제4호까지의 규정에 준하는 사유가 있는 경우

② 과징금 납부의무자가 제1항에 따른 과징금 납부기한의 연장 또는 분할 납부를 신청하려는 경우에는 과징금 납부를 통지받은 날부터 30일 이내에 특별자치도지사·특별자치시장·시장·군수 또는 구청장에게 신청하여야 한다.
③ 특별자치도지사·특별자치시장·시장·군수 또는 구청장은 제1항에 따라 납부기한이 연장되거나 분할 납부가 허용된 과징금 납부의무자가 다음 각 호의 어느 하나에 해당하게 된 때에는 그 납부기한의 연장 또는 분할 납부 결정을 취소하고 일시에 징수할 수 있다.
1. 납부기한의 연장 또는 분할 납부 결정된 과징금을 그 납부기한 내에 납부하지 아니한 때
2. 담보의 변경, 그 밖에 담보 보전에 필요한 특별자치도지사·특별자치시장·시장·군수 또는 구청장의 요구를 이행하지 아니한 때
3. 강제집행, 경매의 개시, 파산선고, 법인의 해산, 국세 또는 지방세의 체납처분을 받은 때 등 과징금의 전부 또는 잔여분을 징수할 수 없다고 인정되는 때
④ 제1항부터 제3항까지의 규정에 따른 과징금 납부기한의 연장, 분할 납부 또는 담보의 제공 등에 필요한 사항은 대통령령으로 정한다.

제6조 (이행강제금) ① 제5조제1항제1호에 따른 과징금을 부과받은 자는 지체 없이 해당 부동산에 관한 물권을 자신의 명의로 등기하여야 한다. 다만, 제4조제2항 단서에 해당하는 경우에는 그러하지 아니하며, 자신의 명의로 등기할 수 없는 정당한 사유가 있는 경우에는 그 사유가 소멸된 후 지체 없이 자신의 명의로 등기하여야 한다.
② 제1항을 위반한 자에 대하여는 과징금 부과일(제1항 단서 후단의 경우에는 등기할 수 없는 사유가 소멸한 때를 말한다)부터 1년이 지난 때에 부동산평가액의 100분의 10에 해당하는 금액을, 다시 1년이 지난 때에 부동산평가액의 100분의 20에 해당하는 금액을 각각 이행강제금으로 부과한다.
③ 이행강제금에 관하여는 제5조제4항부터 제7항까지의 규정을 준용한다.

제7조 (벌칙) ① 다음 각 호의 어느 하나에 해당하는 자는 5년 이하의 징역 또는 2억원 이하의 벌금에 처한다.
1. 제3조제1항을 위반한 명의신탁자
2. 제3조제2항을 위반한 채권자 및 같은 항에 따른 서면에 채무자를 거짓으로 적어 제출하게 한 실채무자
② 제3조제1항을 위반한 명의수탁자는 3년 이하의 징역 또는 1억원 이하의 벌금에 처한다.

제8조 (종중, 배우자 및 종교단체에 대한 특례) 다음 각 호의 어느 하나에 해당하는 경우로서 조세 포탈, 강제집행의 면탈 또는 법령상 제한의 회피를 목적으로 하지 아니하는 경우에는 제4조부터 제7조까지 및 제12조제1항부터 제3항까지를 적용하지 아니한다.
1. 종중이 보유한 부동산에 관한 물권을 종중(종중과 그 대표자를 같이 표시하여 등기한 경우를 포함한다) 외의 자의 명의로 등기한 경우
2. 배우자 명의로 부동산에 관한 물권을 등기한 경우
3. 종교단체의 명의로 그 산하 조직이 보유한 부동산에 관한 물권을 등기한 경우

제9조 (조사 등) ① 특별자치도지사 · 특별자치시장 · 시장 · 군수 또는 구청장은 필요하다고 인정하는 경우에는 제3조, 제10조부터 제12조까지 및 제14조를 위반하였는지를 확인하기 위한 조사를 할 수 있다.
② 국세청장은 탈세 혐의가 있다고 인정하는 경우에는 제3조, 제10조부터 제12조까지 및 제14조를 위반하였는지를 확인하기 위한 조사를 할 수 있다.
③ 공무원이 그 직무를 수행할 때에 제3조, 제10조부터 제12조까지 및 제14조를 위반한 사실을 알게 된 경우에는 국세청장과 해당 부동산의 소재지를 관할하는 특별자치도지사 · 특별자치시장 · 시장 · 군수 또는 구청장에게 그 사

실을 통보하여야 한다.

제10조(장기미등기자에 대한 벌칙 등) ① 「부동산등기 특별조치법」 제2조제1항, 제11조 및 법률 제4244호 부동산등기특별조치법 부칙 제2조를 적용받는 자로서 다음 각 호의 어느 하나에 해당하는 날부터 3년 이내에 소유권이전등기를 신청하지 아니한 등기권리자(이하 "장기미등기자"라 한다)에게는 부동산평가액의 100분의 30의 범위에서 과징금(「부동산등기 특별조치법」 제11조에 따른 과태료가 이미 부과된 경우에는 그 과태료에 상응하는 금액을 뺀 금액을 말한다)을 부과한다. 다만, 제4조제2항 본문 및 제12조제1항에 따라 등기의 효력이 발생하지 아니하여 새로 등기를 신청하여야 할 사유가 발생한 경우와 등기를 신청하지 못할 정당한 사유가 있는 경우에는 그러하지 아니하다.
1. 계약당사자가 서로 대가적인 채무를 부담하는 경우에는 반대급부의 이행이 사실상 완료된 날
2. 계약당사자의 어느 한쪽만이 채무를 부담하는 경우에는 그 계약의 효력이 발생한 날
② 제1항에 따른 과징금의 부과기준은 부동산평가액, 소유권이전등기를 신청하지 아니한 기간, 조세를 포탈하거나 법령에 따른 제한을 회피할 목적으로 하였는지 여부, 「부동산등기 특별조치법」 제11조에 따른 과태료가 부과되었는지 여부 등을 고려하여 대통령령으로 정한다.
③ 제1항의 과징금에 관하여는 제5조제4항부터 제7항까지 및 제5조의2를 준용한다.
④ 장기미등기자가 제1항에 따라 과징금을 부과받고도 소유권이전등기를 신청하지 아니하면 제6조제2항 및 제3항을 준용하여 이행강제금을 부과한다.
⑤ 장기미등기자(제1항 단서에 해당하는 자는 제외한다)는 5년 이하의 징역 또는 2억원 이하의 벌금에 처한다.

제11조 (기존 명의신탁약정에 따른 등기의 실명등기 등) ① 법률 제4944호 부동산실권리자명의등기에관한법률 시행 전에 명의신탁약정에 따라 부동산에 관한 물권을 명의수탁자의 명의로 등기하거나 등기하도록 한 명의신탁자(이하 "기존 명의신탁자"라 한다)는 법률 제4944호 부동산실권리자명의등기에관한법률 시행일부터 1년의 기간(이하 "유예기간"이라 한다) 이내에 실명등기하여야 한다. 다만, 공용징수, 판결, 경매 또는 그 밖에 법률에 따라 명의수탁자로부터 제3자에게 부동산에 관한 물권이 이전된 경우(상속에 의한 이전은 제외한다)와 종교단체, 향교 등이 조세 포탈, 강제집행의 면탈을 목적으로 하지 아니하고 명의신탁한 부동산으로서 대통령령으로 정하는 경우는 그러하지 아니하다.

② 다음 각 호의 어느 하나에 해당하는 경우에는 제1항에 따라 실명등기를 한 것으로 본다.

1. 기존 명의신탁자가 해당 부동산에 관한 물권에 대하여 매매나 그 밖의 처분행위를 하고 유예기간 이내에 그 처분행위로 인한 취득자에게 직접 등기를 이전한 경우

2. 기존 명의신탁자가 유예기간 이내에 다른 법률에 따라 해당 부동산의 소재지를 관할하는 특별자치도지사·특별자치시장·시장·군수 또는 구청장에게 매각을 위탁하거나 대통령령으로 정하는 바에 따라 「금융회사부실자산 등의 효율적 처리 및 한국자산관리공사의 설립에 관한 법률」에 따라 설립된 한국자산관리공사에 매각을 의뢰한 경우. 다만, 매각위탁 또는 매각의뢰를 철회한 경우에는 그러하지 아니하다.

③ 실권리자의 귀책사유 없이 다른 법률에 따라 제1항 및 제2항에 따른 실명등기 또는 매각처분 등을 할 수 없는 경우에는 그 사유가 소멸한 때부터 1년 이내에 실명등기 또는 매각처분 등을 하여야 한다.

④ 법률 제4944호 부동산실권리자명의등기에관한법률 시행 전 또는 유예기간 중에 부동산물권에 관한 쟁송이 법원에 제기된 경우에는 그 쟁송에 관한 확정판결(이와 동일한 효력이 있는 경우를 포함한다)이 있은 날부터 1년 이내에 제1항 및 제2항에 따른 실명등기 또는 매각처분 등을 하여야 한다.

제12조 (실명등기의무 위반의 효력 등) ① 제11조에 규정된 기간 이내에 실명등기 또는 매각처분 등을 하지 아니한 경우 그 기간이 지난 날 이후의 명의신탁약정 등의 효력에 관하여는 제4조를 적용한다.
② 제11조를 위반한 자에 대하여는 제3조제1항을 위반한 자에 준하여 제5조, 제5조의2 및 제6조를 적용한다.
③ 법률 제4944호 부동산실권리자명의등기에관한법률 시행 전에 명의신탁약정에 따른 등기를 한 사실이 없는 자가 제11조에 따른 실명등기를 가장하여 등기한 경우에는 5년 이하의 징역 또는 2억원 이하의 벌금에 처한다.

제12조의2 (양벌규정) 법인 또는 단체의 대표자나 법인·단체 또는 개인의 대리인·사용인 및 그 밖의 종업원이 그 법인·단체 또는 개인의 업무에 관하여 제7조, 제10조제5항 또는 제12조제3항의 위반행위를 하면 그 행위자를 벌하는 외에 그 법인·단체 또는 개인에게도 해당 조문의 벌금형을 과한다. 다만, 법인·단체 또는 개인이 그 위반행위를 방지하기 위하여 해당 업무에 관하여 상당한 주의와 감독을 게을리하지 아니한 경우에는 그러하지 아니하다.

제13조 (실명등기에 대한 조세부과의 특례) ① 제11조에 따라 실명등기를 한 부동산이 1건이고 그 가액이 5천만원 이하인 경우로서 다음 각 호의 어느 하나에 해당하는 경우에는 이미 면제되거나 적게 부과된 조세 또는 부과되지 아니한 조세는 추징(추징)하지 아니한다. 이 경우 실명등기를 한 부동산의 범위 및 가액의 계산에 대하여는 대통령령으로 정한다.
1. 종전의 「소득세법」(법률 제4803호로 개정되기 전의 법률을 말한다) 제5조제6호에 따라 명의신탁자 및 그와 생계를 같이 하는 1세대가 법률 제4944호 부동산실권리자명의등기에관한법률 시행 전에 1세대1주택 양도에 따른 비과세를 받은 경우로서 실명등기로 인하여 해당 주택을 양도한 날에 비과세에 해당하지 아니하게 되는 경우

2. 종전의 「상속세법」(법률 제5193호로 개정되기 전의 법률을 말한다) 제32조의2에 따라 명의자에게 법률 제4944호 부동산실권리자명의등기에관한법률 시행 전에 납세의무가 성립된 증여세를 부과하는 경우

② 실명등기를 한 부동산이 비업무용 부동산에 해당하는 경우로서 유예기간(제11조제3항 및 제4항의 경우에는 그 사유가 소멸한 때부터 1년의 기간을 말한다) 종료 시까지 해당 법인의 고유업무에 직접 사용할 때에는 법률 제6312호 지방세법중개정법률 부칙 제10조에도 불구하고 종전의 「지방세법」(법률 제6312호로 개정되기 전의 법률을 말한다) 제112조제2항의 세율을 적용하지 아니한다.

제14조(기존 양도담보권자의 서면 제출 의무 등) ① 법률 제4944호 부동산실권리자명의등기에관한법률 시행 전에 채무의 변제를 담보하기 위하여 채권자가 부동산에 관한 물권을 이전받은 경우에는 법률 제4944호 부동산실권리자명의등기에관한법률 시행일부터 1년 이내에 채무자, 채권금액 및 채무변제를 위한 담보라는 뜻이 적힌 서면을 등기관에게 제출하여야 한다.

② 제1항을 위반한 채권자 및 제1항에 따른 서면에 채무자를 거짓으로 적어 제출하게 한 실채무자에 대하여는 해당 부동산평가액의 100분의 30의 범위에서 과징금을 부과한다.

③ 제2항에 따른 과징금의 부과기준은 부동산평가액, 제1항을 위반한 기간, 조세를 포탈하거나 법령에 따른 제한을 회피할 목적으로 위반하였는지 여부 등을 고려하여 대통령령으로 정한다.

④ 제2항에 따른 과징금에 관하여는 제5조제4항부터 제7항까지 및 제5조의2를 준용한다.

가등기담보 등에 관한 법률

제1조(목적) 이 법은 차용물의 반환에 관하여 차주가 차용물을 갈음하여 다른 재산권을 이전할 것을 예약할 때 그 재산의 예약 당시 가액이 차용액과 이에 붙인 이자를 합산한 액수를 초과하는 경우에 이에 따른 담보계약과 그 담보의 목적으로 마친 가등기 또는 소유권이전등기의 효력을 정함을 목적으로 한다.

(용어) 담보의 목적으로 마친 가등기 : 소유권이전등기청구권의 가등기형식으로 갑구란에 기재된 담보물권으로 '담보가등기 또는 가등기담보'라고 말한다.

(용어) 소유권이전등기 : 소유권이전등기형식으로 갑구란에 기재된 담보물권으로 '양도담보'라고 말한다.

> **논점 정리** 표제부, 갑구, 을구
>
> ⓐ 표제부 : 표제부에는 표시번호, 접수연월일, 소재, 지번, 건물번호, 지목, 면적, 건물의 종류나 구조 및 면적 등의 사실적 사항을 기재한다.
>
> ⓑ 갑구 : 갑구(甲區)에는 소유권에 관한 사항을 기재한다. 담보목적이긴 하나 소유권이전의 형식을 갖추기 때문에 가등기담보는 제한물권임에도 불구하고 갑구란에 기재한다. 이는 민법전에 형태가 없는 담보로 '비전형담보'라고 부른다.
>
> ⓒ 을구 : 을구(乙區)에는 소유권 이외의 권리에 관한 사항을 기재한다. 제한물권 중에서 등기할 수 있는 지상권, 지역권, 전세권, 저당권 등을 기재한다.

제2조 (정의) 이 법에서 사용하는 용어의 뜻은 다음과 같다.

1. "담보계약"이란 「민법」 제608조에 따라 그 효력이 상실되는 대물반환의 예약[환매, 양도담보 등 명목이 어떠하든 그 모두를 포함한다]에 포함되거나 병존하는 채권담보 계약을 말한다.
2. "채무자등"이란 다음 각 목의 자를 말한다.
가. 채무자
나. 담보가등기목적 부동산의 물상보증인
다. 담보가등기 후 소유권을 취득한 제3자
3. "담보가등기"란 채권담보의 목적으로 마친 가등기를 말한다.
4. "강제경매등"이란 강제경매와 담보권의 실행 등을 위한 경매를 말한다.
5. "후순위권리자"란 담보가등기 후에 등기된 저당권자·전세권자 및 담보가등기권리자를 말한다.

(용어) 담보가등기 : 가등기담보만을 부르는 명칭으로 기재되어 있다.

제3조 (담보권 실행의 통지와 청산기간) ① 채권자가 담보계약에 따른 담보권을 실행하여 그 담보목적부동산의 소유권을 취득하기 위하여는 그 채권의 변제기 후에 제4조의 청산금의 평가액을 채무자등에게 통지하고, 그 통지가 채무자등에게 도달한 날부터 2개월(이하 "청산기간"이라 한다)이 지나야 한다. 이 경우 청산금이 없다고 인정되는 경우에는 그 뜻을 통지하여야 한다.
② 제1항에 따른 통지에는 통지 당시의 담보목적부동산의 평가액과 「민법」 제360조에 규정된 채권액을 밝혀야 한다. 이 경우 부동산이 둘 이상인 경우에는 각 부동산의 소유권이전에 의하여 소멸시키려는 채권과 그 비용을 밝혀야 한다.

(용어) 담보계약에 따른 담보권 : 가등기담보와 양도담보를 모두 부르는 명칭으로 기재되어 있다.

제4조 (청산금의 지급과 소유권의 취득) ① 채권자는 제3조제1항에 따른 통지 당시의 담보목적부동산의 가액에서 그 채권액을 뺀 금액(이하 "청산금"이라 한다)을 채무자등에게 지급하여야 한다. 이 경우 담보목적부동산에 선순위담보권 등의 권리가 있을 때에는 그 채권액을 계산할 때에 선순위담보 등에 의하여 담보된 채권액을 포함한다.
② 채권자는 담보목적부동산에 관하여 이미 소유권이전등기를 마친 경우에는 청산기간이 지난 후 청산금을 채무자등에게 지급한 때에 담보목적부동산의 소유권을 취득하며, 담보가등기를 마친 경우에는 청산기간이 지나야 그 가등기에 따른 본등기를 청구할 수 있다.
③ 청산금의 지급채무와 부동산의 소유권이전등기 및 인도채무의 이행에 관하여는 동시이행의 항변권에 관한 「민법」제536조를 준용한다.
④ 제1항부터 제3항까지의 규정에 어긋나는 특약으로서 채무자 등에게 불리한 것은 그 효력이 없다. 다만, 청산기간이 지난 후에 행하여진 특약으로서 제3자의 권리를 침해하지 아니하는 것은 그러하지 아니하다.

제5조 (후순위권리자의 권리행사) ① 후순위권리자는 그 순위에 따라 채무자등이 지급받을 청산금에 대하여 제3조제1항에 따라 통지된 평가액의 범위에서 청산금이 지급될 때까지 그 권리를 행사할 수 있고, 채권자는 후순위권리자의 요구가 있는 경우에는 청산금을 지급하여야 한다.
② 후순위권리자는 제1항의 권리를 행사할 때에는 그 피담보채권의 범위에서 그 채권의 명세와 증서를 채권자에게 교부하여야 한다.
③ 채권자가 제2항의 명세와 증서를 받고 후순위권리자에게 청산금을 지급한 때에는 그 범위에서 청산금채무는 소멸한다.
④ 제1항의 권리행사를 막으려는 자는 청산금을 압류하거나 가압류하여야 한다.
⑤ 담보가등기 후에 대항력 있는 임차권을 취득한 자에게는 청산금의 범위에서 동시이행의 항변권에 관한 「민법」제536조를 준용한다.

제6조 (채무자등 외의 권리자에 대한 통지) ① 채권자는 제3조제1항에 따른 통지가 채무자등에게 도달하면 지체 없이 후순위권리자에게 그 통지의 사실과 내용 및 도달일을 통지하여야 한다.
② 제3조제1항에 따른 통지가 채무자등에게 도달한 때에는 담보가등기 후에 등기한 제3자(제1항에 따라 통지를 받을 자를 제외하고, 대항력 있는 임차권자를 포함한다)가 있으면 채권자는 지체 없이 그 제3자에게 제3조제1항에 따른 통지를 한 사실과 그 채권액을 통지하여야 한다.
③ 제1항과 제2항에 따른 통지는 통지를 받을 자의 등기부상의 주소로 발송함으로써 그 효력이 있다. 그러나 대항력 있는 임차권자에게는 그 담보목적부동산의 소재지로 발송하여야 한다.

제7조 (청산금에 대한 처분 제한) ① 채무자가 청산기간이 지나기 전에 한 청산금에 관한 권리의 양도나 그 밖의 처분은 이로써 후순위권리자에게 대항하지 못한다.
② 채권자가 청산기간이 지나기 전에 청산금을 지급한 경우 또는 제6조제1항에 따른 통지를 하지 아니하고 청산금을 지급한 경우에도 제1항과 같다.

제8조 (청산금의 공탁) ① 청산금채권이 압류되거나 가압류된 경우에 채권자는 청산기간이 지난 후 이에 해당하는 청산금을 채무이행지를 관할하는 지방법원이나 지원에 공탁하여 그 범위에서 채무를 면할 수 있다.
② 제1항에 따라 공탁이 있는 경우에는 채무자등의 공탁금출급청구권이 압류되거나 가압류된 것으로 본다.
③ 채권자는 제14조에 따른 경우 외에는 공탁금의 회수를 청구할 수 없다.
④ 채권자는 제1항에 따라 공탁을 한 경우에는 채무자등과 압류채권자 또는 가압류채권자에게 지체 없이 공탁의 통지를 하여야 한다.

제9조 (통지의 구속력) 채권자는 제3조제1항에 따라 그가 통지한 청산금의 금액에 관하여 다툴 수 없다.

제10조 (법정지상권) 토지와 그 위의 건물이 동일한 소유자에게 속하는 경우 그 토지나 건물에 대하여 제4조제2항에 따른 소유권을 취득하거나 담보가등기에 따른 본등기가 행하여진 경우에는 그 건물의 소유를 목적으로 그 토지 위에 지상권(지상권)이 설정된 것으로 본다. 이 경우 그 존속기간과 지료는 당사자의 청구에 의하여 법원이 정한다.

제11조 (채무자등의 말소청구권) 채무자등은 청산금채권을 변제받을 때까지 그 채무액(반환할 때까지의 이자와 손해금을 포함한다)을 채권자에게 지급하고 그 채권담보의 목적으로 마친 소유권이전등기의 말소를 청구할 수 있다. 다만, 그 채무의 변제기가 지난 때부터 10년이 지나거나 선의의 제3자가 소유권을 취득한 경우에는 그러하지 아니하다.

제12조 (경매의 청구) ① 담보가등기권리자는 그 선택에 따라 제3조에 따른 담보권을 실행하거나 담보목적부동산의 경매를 청구할 수 있다. 이 경우 경매에 관하여는 담보가등기권리를 저당권으로 본다.
② 후순위권리자는 청산기간에 한정하여 그 피담보채권의 변제기 도래 전이라도 담보목적부동산의 경매를 청구할 수 있다.

(용어) 담보가등기권리자는 그 선택 : 담보가등기의 경우에 예외적으로 담보권의 사적실행 또는 경매를 통한 공적실행에 대하여 선택권을 채권자인 담보가등기권리자에게 부여하고 있다.

제13조 (우선변제청구권) 담보가등기를 마친 부동산에 대하여 강제경매등이 개시된 경우에 담보가등기권리자는 다른 채권자보다 자기채권을 우선변제 받을 권리가 있다. 이 경우 그 순위에 관하여는 그 담보가등기권리를 저당권으로 보고, 그 담보가등기를 마친 때에 그 저당권의 설정등기가 행하여진 것으로 본다.

제14조 (강제경매등의 경우의 담보가등기) 담보가등기를 마친 부동산에 대하여 강제경매등의 개시 결정이 있는 경우에 그 경매의 신청이 청산금을 지급하기 전에 행하여진 경우(청산금이 없는 경우에는 청산기간이 지나기 전)에는 담보가등기권리자는 그 가등기에 따른 본등기를 청구할 수 없다.

제15조 (담보가등기권리의 소멸) 담보가등기를 마친 부동산에 대하여 강제경매 등이 행하여진 경우에는 담보가등기권리는 그 부동산의 매각에 의하여 소멸한다.

제16조 (강제경매등에 관한 특칙) ① 법원은 소유권의 이전에 관한 가등기가 되어 있는 부동산에 대한 강제경매등의 개시결정이 있는 경우에는 가등기권리자에게 다음 각 호의 구분에 따른 사항을 법원에 신고하도록 적당한 기간을 정하여 최고하여야 한다.
1. 해당 가등기가 담보가등기인 경우: 그 내용과 채권[이자나 그 밖의 부수채권을 포함한다]의 존부·원인 및 금액
2. 해당 가등기가 담보가등기가 아닌 경우: 해당 내용
② 압류등기 전에 이루어진 담보가등기권리가 매각에 의하여 소멸되면 제1항의 채권신고를 한 경우에만 그 채권자는 매각대금을 배당받거나 변제금을 받을 수 있다. 이 경우 그 담보가등기의 말소에 관하여는 매수인이 인수하지

아니한 부동산의 부담에 관한 기입을 말소하는 등기의 촉탁에 관한 「민사집행법」 제144조제1항제2호를 준용한다.
③ 소유권의 이전에 관한 가등기권리자는 강제경매등 절차의 이해관계인으로 본다.

제17조 (파산 등 경우의 담보가등기) ① 파산재단에 속하는 부동산에 설정한 담보가등기권리에 대하여는 「채무자 회생 및 파산에 관한 법률」중 저당권에 관한 규정을 적용한다.
② 파산재단에 속하지 아니하는 파산자의 부동산에 대하여 설정되어 있는 담보가등기권리자에 관하여는 준별제권자에 관한 「채무자 회생 및 파산에 관한 법률」 제414조를 준용한다.
③ 담보가등기권리는 「국세기본법」, 「국세징수법」, 「지방세기본법」, 「지방세징수법」, 「채무자 회생 및 파산에 관한 법률」을 적용할 때에는 저당권으로 본다.

제18조 (다른 권리를 목적으로 하는 계약에의 준용) 등기 또는 등록할 수 있는 부동산소유권 외의 권리[질권·저당권 및 전세권은 제외한다]의 취득을 목적으로 하는 담보계약에 관하여는 제3조부터 제17조까지의 규정을 준용한다. 다만, 「동산·채권 등의 담보에 관한 법률」에 따라 담보등기를 마친 경우에는 그러하지 아니하다.

용어색인

M.E.M.O

용어색인

(2)

- 20년간 소유의 의사로 평온, 공연하게 부동산을 점유하는 자는 등기 ·········· 61
- 20년간 소유의 의사로 평온, 공연하게 부동산을 점유하는 자는 등기함으로써 그 소유권을 취득한다 ·········· 61

(ㄱ)

- 가공 ·········· 68
- 가공자 ·········· 68
- 가액이 감손될 염려 ·········· 72
- 가용 ·········· 55
- 각 당사자 ·········· 89
- 간이변제충당 ·········· 92
- 간이인도 ·········· 37
- 간접점유 ·········· 39
- 갈음 ·········· 99
- 감소 ·········· 114
- 감수 ·········· 58
- 감정인 ·········· 93
- 강행규정 ·········· 79
- 개설 ·········· 52
- 갱신 ·········· 71
- 갱신거절 ·········· 88
- 갱신청구권 ·········· 77
- 거절 ·········· 78
- 건물의 구분소유 ·········· 50
- 경락인 ·········· 36
- 경매 ·········· 36
- 경매인 ·········· 114
- 계속 ·········· 42, 82
- 고고 ·········· 66
- 고지 ·········· 53
- 공개시장 ·········· 65
- 공고 ·········· 66
- 공동저당 ·········· 115
- 공로 ·········· 52

- 공류 ·· 55
- 공사 ·· 46
- 공연하게 점유 ·· 42
- 공용부분의 보존에 관한 비용 ·· 50
- 공용징수 ·· 36
- 공용하는 부분 ·· 50
- 공유 ·· 50
- 공유물 ·· 70
- 공유물의 관리 ·· 70
- 공유물의 변경 ·· 70
- 공유물의 보존행위 ·· 70
- 공유물의 분할 ·· 71
- 공유물의 처분 ·· 70
- 공유자가 그 지분을 지분포기 ··· 71
- 공유자의 지분 ·· 69
- 공작물 ·· 54
- 공탁 ·· 100
- 과실1 ·· 61, 62, 63
- 과실2 ·· 43, 44, 93, 113
- 관망 ·· 60
- 관습 ·· 54
- 관습법 ·· 35
- 교부 ·· 90
- 구거 ·· 56
- 구분소유 ·· 50
- 구분지상권 ·· 79
- 구상권 ·· 68
- 국유 ·· 65
- 권리질권 ·· 102
- 권원 ·· 67
- 그 물건이나 유가증권에 관하여 생긴 채권 ······················· 91
- 그 부동산에 대한 소유권, 지상권 또는 전세권을 취득한 제3자 ······· 113
- 그 토지가 부담한 지역권 ·· 81
- 그 토지를 위한 지역권 ·· 81
- 그러하지 아니하다 ·· 59, 64, 102, 112
- 그를 목적으로 하는 다른 권리 ··· 38
- 그를 목적으로 하는 다른 권리는 소멸 ······························ 38
- 근저당 ·· 112
- 급여1 ·· 55

- 기명채권 ·· 105
- 까스관 ·· 52

(ㄴ)

- 농경지 ·· 75

(ㄷ)

- 다른 물권은 소멸 ··· 38
- 다른 분할자의 토지를 통행할 수 있다 ································ 53
- 다액 ·· 68
- 단수 ·· 58
- 단축 ·· 76
- 달하기까지 ··· 55
- 담보 ·· 46
- 담보가등기 ··· 168
- 담보가등기권리자는 그 선택 ·· 171
- 담보계약에 따른 담보권 ··· 168
- 담보로 제3자가 제공한 ·· 96
- 담보로 제공 ··· 86
- 담보의 목적으로 마친 가등기 ·· 167
- 담보책임 ·· 72
- 담보한 채권 ··· 102
- 당사자 ·· 37
- 대리 ·· 97
- 대리점유 ·· 97
- 대안 ·· 56
- 대여 ·· 93
- 대위 ·· 101
- 대차 ·· 40
- 대항 ·· 98
- 대항요건 ·· 98
- 대항하지 못한다 ·· 98
- 도품 ·· 64
- 동산 ·· 37
- 동산의 주종을 구별할 수 없는 때 ····································· 67
- 동산질권 ·· 96
- 동산질권자 ·· 96
- 동시에 배당 ··· 115

용어색인 • 179

- 동시이행 ··· 90
- 동의 ··· 70
- 동종류 ··· 65
- 득상 ··· 75
- 득실변경 ··· 35
- 등기 ··· 35

(ㅁ)

- 매연 ··· 51
- 매장물 ··· 66
- 멸실 ··· 44
- 목근 ··· 59
- 몽리자 ··· 57
- 무기명채권 ··· 106
- 무주 ··· 65
- 무주물 ··· 65
- 물건의 반환 ··· 45
- 물권 ··· 35
- 물권의 득실변경 ··· 35
- 물상대위 ··· 101
- 물상보증인 또는 자기의 재산을 타인의 채무의 담보로 제공한 자 ················ 100
- 물상보증인의 구상권 ··· 101

(ㅂ)

- 반환청구권 ··· 37
- 반환청구권을 양도 ··· 38
- 발견자 ··· 66
- 방목 ··· 84
- 방해 ··· 46
- 방해의 제거 ··· 46
- 방화벽 ··· 58
- 배상 ··· 44
- 배서 ··· 105
- 배수 ··· 54
- 법률의 규정 ··· 36
- 법률행위 ··· 35
- 법률행위로 인한 물권의 득실변경은 등기 ······················· 35
- 법원(法院) ··· 45, 72, 86, 87, 93, 94, 99, 114

- 법인이 아닌 사단 ·· 74
- 법정지상권 ·· 86
- 변제 ·· 85
- 변제금액 ·· 108
- 변제기 ··· 91
- 보상 ·· 43
- 보수2 ·· 54
- 보전 ·· 46
- 보존 ·· 44
- 보증인 ··· 99
- 본권 ·· 42
- 본권의 소 ··· 47
- 본다 ·· 37
- 부기등기 ··· 103
- 부동산 ··· 35
- 부동산소유권의 취득기간 ··· 61
- 부동산에 관한 법률행위로 인한 물권의 득실변경은 등기하여야 그 효력이 생긴다 ········ 35
- 부동산에 부합 ··· 112
- 부동산의 사용, 수익을 목적으로 하는 권리 ···················· 102
- 부속 ·· 67
- 부속 ·· 34
- 부속된 것 ··· 67
- 부속물 ··· 34, 50
- 부속물 중 공용하는 부분 ·· 50
- 부종 ·· 80
- 부종성 ··· 80
- 부종성에 수반성이 포함되어 있다고 주장하는 견해 ········· 81
- 부종성에 수반성이 포함되어 있지 않다고 주장하는 견해 ········· 81
- 부합 ·· 34, 66
- 부합물 ··· 34
- 부합한 물건 ··· 66
- 분할 ·· 52
- 분할로 인한 담보책임 ··· 72
- 불가항력 ·· 87

(ㅅ)

- 사실상 지배 ··· 39
- 사양하는 야생동물 ·· 65
- 사용대차 ·· 40

- 사원총회 ··· 74
- 상대방 ·· 89
- 상린자 일방 ·· 59
- 상실 ·· 39
- 상인 ·· 65
- 상하 ·· 49
- 상환 ·· 45
- 석조 건물 ··· 76
- 석회조 건물 ··· 76
- 선량한 관리자의 주의 ··· 93
- 선순위저당권자 ··· 115
- 선의 ·· 41
- 선의의 점유자1 ·· 34, 42
- 선의의 점유자2 ·· 34, 43
- 선의취득 ·· 63
- 선택 ·· 45
- 설정계약의 요물성 ··· 96
- 설정자 ·· 97
- 설정자로 하여금 질물의 점유를 하게 하지 못한다 ································· 97
- 소급 ·· 63
- 소멸 ·· 38
- 소멸시효 ·· 63
- 소멸시효 진행 ··· 94
- 소멸시효의 정지 ··· 82
- 소멸시효의 중단 ··· 63
- 소멸을 청구 ··· 78
- 소멸을 통고 ··· 89
- 소수관 ·· 52
- 소유권과 다른 물권 또는 소유권이외의 물권 ·· 38
- 소유물 ·· 49
- 소유의 의사로 점유 ·· 41
- 소유자 ·· 49
- 소유자의 선택 ·· 87, 94
- 소통 ·· 53
- 소통공사권 ··· 53
- 손해배상 ·· 47
- 손해배상의 담보를 청구 ·· 47
- 수거 ·· 78
- 수도 ·· 52

- 수량 ··· 83
- 수로 ··· 56
- 수류 ··· 56
- 수류의 폭 ·· 56
- 수류지 ·· 56
- 수목 ··· 59
- 수목가지 ··· 59
- 수지 ··· 59
- 수취 ··· 43
- 습득자 ·· 66
- 승계 또는 계승 ·· 42
- 승계인 ·· 42
- 승낙 ··· 51
- 승수의무 ··· 53
- 승역지 ·· 82
- 승역지의 소유자는 토지소유권을 지역권자에게 위기 ··························· 83
- 시효의 완성 ··· 115
- 심굴 ··· 59

(ㅇ)

- 아울러 주장 ·· 43
- 악의 ··· 44
- 악의의 점유자1 ·· 34, 42
- 악의의 점유자2 ·· 34, 43
- 압류 ··· 101
- 야생 ··· 65
- 야생물 ·· 84
- 양도 ··· 37
- 양도인 ·· 37
- 양수 ··· 63
- 양수인 ·· 37
- 양수한 자 ·· 63
- 양안 ··· 56
- 양호 ··· 58
- 언 ··· 56
- 여수 ··· 55
- 연와조 건물 ·· 76
- 연한 ··· 76
- 열기체 ·· 51

物.權.法

- 오물 ······ 60
- 오액 ······ 60
- 요물성 ······ 96
- 요역지 ······ 81
- 요역지 소유권 ······ 81
- 요역지에 대한 소유권 이외의 권리 ······ 81
- 용수 ······ 60
- 용수 ······ 57
- 용수권 ······ 57
- 용수권자 ······ 58
- 용수승역지 ······ 83
- 용수지역권 ······ 83
- 우선변제 ······ 85
- 우선변제를 받을 권리 ······ 85
- 원본 ······ 93
- 원상회복 ······ 58
- 원천 ······ 57
- 위기 ······ 83
- 위약금 ······ 97
- 유가증권 ······ 91
- 유수용공작물의 사용권 ······ 55
- 유실물 ······ 64
- 유실자 ······ 64
- 유익비 ······ 45
- 유질 ······ 99
- 유질계약 ······ 99
- 유치 ······ 91
- 유치권의 행사는 채권의 소멸시효의 진행에 영향을 미치지 아니한다 ······ 94
- 유치권자 ······ 92
- 유치물 ······ 92
- 유치물의 과실 ······ 93
- 은비에 의한 점유자 ······ 43
- 음료수 ······ 58
- 이전1 ······ 39, 81, 112
- 이전2 ······ 111
- 이행 ······ 71
- 이행기일 ······ 113
- 이행을 지체 ······ 71
- 인도 ······ 37

- 인수 ·· 54
- 인용 ·· 51
- 인지 ·· 50
- 인지사용청구권 ·· 50
- 인지소유자 ··· 58
- 임대차 ·· 40
- 임의로 ·· 35
- 임의로 창설하지 못한다 ··· 35
- 임차권 ·· 85
- 임치 ·· 40
- 잉여 ·· 90

(ㅈ)
- 자기보다 우선권이 있는 채권자에게 대항하지 못한다 ······· 98
- 자기의 책임으로 질물을 전질 ·· 98
- 자기토지의 편익에 이용 ··· 80
- 자력구제 ··· 47
- 자비 ·· 53
- 자연유수 ··· 53
- 장기 ·· 77
- 장해 ·· 58
- 저당권 ·· 79
- 저당권으로 담보한 채권을 질권의 목적으로 한 때 ············ 102
- 저당권자 ··· 111
- 저당물의 소유권을 취득한 제3자 ······································ 114
- 저당부동산에 부합 ·· 112
- 저수 ·· 54
- 저지 ·· 53
- 전세권 ·· 40
- 전세권 양도 ··· 86
- 전세권설정자 ·· 85
- 전세권양수인 ·· 86
- 전세권의 존속기간은 정함이 없는 것으로 본다 ················· 88
- 전세권자 ··· 85
- 전세금 ·· 85
- 전전세 ·· 86
- 전전세권 ··· 88
- 전전세권과 동일한 조건 ··· 88
- 전점유자 ··· 42

物.權.法

- 전조의 경우 ·········· 99
- 전조의 부담을 면할 수 있다 ·········· 83
- 전질 ·········· 98
- 전질권 ·········· 98
- 전질의 대항요건 ·········· 98
- 전항의 경우에 ·········· 74
- 전항의 계약을 갱신 ·········· 71
- 전항의 규정은 폭력 또는 은비에 의한 점유자에 준용한다 ·········· 43
- 전항의 사태 ·········· 51
- 전호 이외의 건물 ·········· 76
- 전후 양시에 ·········· 42
- 점유개정 ·········· 37
- 점유계속 ·········· 42
- 점유권 ·········· 38
- 점유권에 관하여는 전2항의 규정을 적용하지 아니한다 ·········· 38
- 점유를 회수 ·········· 39
- 점유물 ·········· 44
- 점유보조자 ·········· 41
- 점유의 방해를 받은 때 ·········· 46
- 점유의 방해를 받을 염려 ·········· 46
- 점유의 소 ·········· 47
- 점유의 태양 ·········· 41
- 점유의 하자 ·········· 43
- 점유자 ·········· 39
- 점유할 권리 ·········· 49
- 정관 ·········· 74
- 정지 ·········· 82
- 제321조 내지 제325조 ·········· 101
- 제3자 ·········· 37
- 제3채무자 ·········· 103
- 제3취득자 ·········· 114
- 조건1 ·········· 88
- 조처 ·········· 51
- 조합 ·········· 72
- 조합체 ·········· 72
- 조합체의 해산 ·········· 73
- 존속기간 ·········· 76
- 종물 ·········· 112
- 주된 동산 ·········· 67

- 주위토지 ··· 52
- 주위토지통행권 ·· 52
- 준용 ·· 38, 53
- 준점유 ··· 48
- 중단 ·· 63
- 증감 ·· 78
- 지가 ·· 78
- 지급 ·· 65
- 지료 ·· 78
- 지명채권 ·· 103
- 지명채권에 대한 질권의 대항요건 ··································· 103
- 지분 ·· 69
- 지분을 처분 ··· 70
- 지분의 처분 ··· 73
- 지상권 ··· 39
- 지상권 또는 전세권을 저당권의 목적 ···························· 116
- 지상권설정당시 ·· 77
- 지상권설정자 ··· 77
- 지상권자 ·· 76
- 지시채권 ·· 105
- 지역권 ··· 80
- 지역권은 그 승역지의 각 부분에 존속한다 ····················· 81
- 지역권은 요역지의 각 부분을 위하여 존속한다 ··············· 81
- 지역권자 ·· 80
- 지연배상 ·· 113
- 직시 ·· 48
- 직접 낙하 ·· 54
- 질권 ·· 40, 96
- 질권실행의 비용 ··· 97
- 질권의 목적물 ·· 96
- 질권자 ··· 96
- 질권자는 질권설정자의 승낙없이 질물을 담보제공을 하지 못한다 ······· 101
- 질물 ·· 97
- 질물의 하자 ··· 97

(ㅊ)

- 차면시설 ·· 60
- 차순위저당권자 ·· 115
- 창설 ·· 35

- 채권증서 ·········· 102
- 채무변제기전 ·········· 99
- 채무불이행 ·········· 97
- 채무의 최고액 ·········· 112
- 처마물 ·········· 54
- 첨부 ·········· 68
- 첨부로 인한 구상권 ·········· 68
- 초목 ·········· 84
- 총유 ·········· 74
- 총유물 ·········· 74
- 총유물의 관리 ·········· 74
- 총유물의 처분 ·········· 74
- 최단존속기간 ·········· 77
- 추정 ·········· 42
- 충당 ·········· 89, 92
- 취득기간 ·········· 61, 82
- 취득기간의 중단 ·········· 82
- 침수지 ·········· 55
- 침탈 ·········· 45
- 침탈자 ·········· 46

(ㅌ)

- 타인의 권원 ·········· 67
- 탈환 ·········· 48
- 태양 ·········· 41
- 토사 ·········· 84
- 토사가 붕괴 ·········· 60
- 토지소유자의 선택 ·········· 52
- 토지의 일부를 양도 ·········· 53
- 통고 ·········· 89
- 통로 ·········· 52
- 통상의 필요비 ·········· 44
- 통지 ·········· 79
- 통행 ·········· 52
- 특별승계인 ·········· 46
- 특별한 필요비 ·········· 45

(ㅍ)

- 편면적 강행규정 ······ 79
- 편익 ······ 80
- 평온하게 점유 ······ 42
- 폐색 ······ 53
- 포기 ······ 71
- 폭력에 의한 점유자 ······ 43
- 표현 ······ 82
- 피담보채권 ······ 94
- 피해자 ······ 64
- 필요비 ······ 44

(ㅎ)

- 하류연안 ······ 57
- 하수 ······ 60
- 하수도 ······ 55
- 하자 ······ 97
- 하천의 연안 ······ 57
- 합성물 ······ 67
- 합유 ······ 72
- 합유물 ······ 72
- 합유물의 변경 ······ 73
- 합유물의 보존행위 ······ 73
- 합유물의 분할 ······ 73
- 합유물의 양도 ······ 73
- 합유물의 처분 ······ 73
- 합유자의 지분 ······ 73
- 해산 ······ 73
- 허여 ······ 45
- 현상 ······ 87
- 현상을 유지 ······ 87
- 협의 ······ 72
- 혼동 ······ 38
- 혼화 ······ 68
- 확정될 때까지의 채무의 소멸은 저당권에 영향을 미치지 아니한다 ······ 112
- 회복자 ······ 44
- 회복자의 선택 ······ 45
- 회수 ······ 39

- 후순위권리자 ·· 85
- 후순위의 지역권자 ·· 83
- 훼손 ·· 43

조문으로 보는 용어정리 물권법

저자 **김 묘 엽**
한양대학교 법과대학

제4판 발행 2024년 4월 22일
발 행 인 윤 혜 영
편 집 자 구 낙 회
디 자 인 진 연

펴 낸 곳 로앤오더
전   화 02-6332-1103
팩   스 02-6332-1104
주   소 서울시 성동구 왕십리로 8길 21-1 2층 201호
카   페 cafe.naver.com/lawnorder21

ISBN 979-11-6267-422-2   정 가 10,000원

본서는 저자와의 협의하에 인지는 생략합니다. 파본은 본사와 구입하신 서점에서 교환해 드립니다. 이 책은 저작권법에 따라 보호받는 저작물이므로 무단복제를 금지하며 이 책 내용의 전부 또는 일부를 이용하려면 반드시 저작권자와 로앤오더의 서면 동의를 받아야 합니다.